Große Richard Beer-Hofmann-Ausgabe in sechs Bänden

Herausgegeben von
Günter Helmes, Michael M. Schardt
und Andreas Thomasberger

Richard Beer-Hofmann

Werke Band 2

Richard Beer-Hofmann

Novellen

Das Kind Camelias

Herausgegeben und mit
einem Nachwort von
Günter Helmes

Igel Verlag *Literatur*

Die Drucklegung dieses Bandes erfuhr eine namhafte finanzielle Unterstützung durch das Zentrum für Kulturwissenschaften der Universität Paderborn, für die sich die Herausgeber und der Verlag herzlich bedanken. Dieser Ausgabe liegt der Erstdruck aus dem Jahre 1893 zugrunde, der im Verlag Freund & Jeckel in Berlin erschien. Bei Wahrung des Lautstandes und schriftstellerischer Eigenheiten wurde der Text behutsam heutiger Schreibweise angeglichen. Über die genauen Editionsrichtlinien informiert der abschließende Band 6.

Die Deutsche Bibliothek - CIP-Einheitsaufnahme

Beer-Hofmann, Richard

Grosse Richard-Beer-Hofmann-Ausgabe : in sechs Bänden / hrsg. von Günter Helmes ... - Paderborn : Igel-Verl. Literatur.
NE: Helmes, Günter [Hrsg.]; Beer-Hofmann, Richard: [Sammlung]

Bd. 2. Novellen / hrsg. und mit einem Nachw. von Günter Helmes. - 1. Aufl. - 1993
   Enth.: Das Kind. Camelias
ISBN 3-927104-40-X

Erste Auflage 1993

Alle Rechte vorbehalten
Copyright © by
Igel Verlag Literatur
Brüderstr. 30, 33098 Paderborn
Tel. 05251 - 72879
Textverarbeitung: Matthias Klagges, Paderborn
Herstellung: Fuldaer Verlagsanstalt
ISBN 3-927104-40-X

INHALT

Das Kind. 7
Camelias. 83
Nachwort 109

Das Kind.

»Sind wir ein Spiel von jedem Druck der Luft?«
                    Goethe, Faust I. Tl.

I.

Es wollte nicht Abend werden. Nur langsam verschwamm das kalte, matte Blau des Frühlingshimmels in ein wäßriges Lichtgrün; der Tag war klar und sonnig gewesen, und nun schien es, als zögere die Nacht hereinzubrechen. Paul schritt ungeduldig längs des Heinrichshofes auf und ab; er sah zur Oper hinüber. Noch immer stand sie vor den Arkaden der Fassade und musterte die vorüberfahrenden Tramwaywaggons, sie suchte ihn, – offenbar. Er ward ärgerlich; wie oft hatte er sie gebeten: *Nicht* bei der Oper, *nicht* zu einer Zeit, wo es noch licht war, *nicht* ohne Schleier –, und nun stand sie wiederum gerade dort, um halb acht, da der Ring mit Spaziergängern und Equipagen, die vom Prater kamen, belebt war und ein breiter Menschenstrom aus der Stadt in die Vorstadt hinaus wogte, von den Vorstädten in die Theater strömte, und wiederum – ohne Schleier, die gestülpte Nase wie schnuppernd in die Höhe gereckt – nach ihm suchend. Zweimal hatte sie vergeblich auf ihn gewartet, und er wäre auch heute nicht zu diesem Rendezvous, das ihn für halb acht zur Oper bestellte, gekommen, aber er kannte ihre Beharrlichkeit: erst ein kurzer Brief, dann ein längerer mit Vorwürfen, dann pneumatische Karten, dann der Dienstmann, der auf Antwort zu warten hat, dann der Dienstmann mit der kurzen Nachricht, »das Fräulein wartet unten«, und endlich – sie wußte, wie zuwider ihm das war – der Dienstmann, der ihn im Kaffeehaus suchte, der sich ihn durch den Marqueur zeigen ließ, und ihm unbekümmert um die am selben Tische sitzenden Bekannten meldete, das Fräulein warte draußen, – ob sie herein kommen solle?

Diesmal hatte er schon bei der pneumatischen Karte nachgegeben; er wollte nicht die ganze verhaßte Skala durchmachen, um schließlich doch zu kommen.

Seit mehr als einem Jahr rang er, um sie von sich abzuschütteln; wochenlang schob er die Rendezvous hinaus, und dann traf er sie doch wieder, und er wußte im vorhinein, wie diese Begegnungen endeten; Vorwürfe, Drohungen, böse, haßerfüllte Blicke, und endlich immer wieder, ... die Versöhnung; − und selbst während der halblaut geflüsterten Beschuldigungen, den brutal ihr ins Gesicht geschleuderten endgültigen Absagen, während er wütend über ihren Eigensinn die Finger ihrer herabhängenden Hand faßte und seine Nägel eingrub, daß sie fast aufschrie, − schritten sie schon − mechanisch, fast unbewußt, der Vorstadt zu, − den kürzesten Weg − zum Hotel.

Wenn ihm einer vor drei Jahren gesagt hätte, daß diese kleine unscheinbare Person ... er sah zu ihr hinüber; − er unterschied nur mehr die Umrisse der Gestalt, − es wurde dunkel.

Er stülpte den Kragen seines Überrockes hinauf und ging mit raschen Schritten über die Straße. Sie sah ihn nicht kommen; er trat hinter sie, und rief sie kurz an: »Juli!« Sie fuhr zusammen und wandte sich um; einen Augenblick lang flog es wie Freude über ihr Gesicht, dann stieß sie kurz hervor: »Warum kommst erst jetzt?« »Drüben«, sagte er und wies hinüber auf die andere Seite, und erst als sie in einer Seitengasse des Ringes angelangt waren, verlangsamte er das Tempo seiner Schritte. »Warum Du erst jetzt kommst?«

»So!«

»Und Mittwoch hab' ich auch auf Dich warten können, − und den letzten Samstag auch − und Du glaubst ich bin Dein Narr und wer − − − «

»Sprich nicht so laut — «
»Just!« —
»So schweig doch«, und er preßte wütend ihr Handgelenk —
»Und *grad* schreib' ich Dir, und Du *mußt* kommen, *weil* Du so bist, *weil's* Du glaubst, Du hast ein Tschapperl vor Dir, mit dem's tun kannst was D' willst — überhaupt will ich meinen Zettel haben!«
Er war stehen geblieben, blaß vor Erregung; »so laß mich doch schon einmal in Ruh! — wenn Du siehst, daß ich Dich nicht mehr mag, daß Du mir ekelhaft bist, — *ekelhaft*!« Sie schüttelte den Kopf als wollte sie etwas sagen, aber sie brachte nichts über die Lippen; endlich faßte sie ihn am Arme und zog ihn fort. »So komm doch; die Leut' schau'n schon her.« Sie gingen weiter und mit ihren kleinen zappligen Schritten vermochte sie ihm kaum zu folgen. Er sah nach ihr hin. Erwürgen hätte er sie können, nur um nicht mehr diese hohe kläffende Stimme zu hören.

Wie sie neben ihm atemlos herlief und nur kurze, abgebrochene Sätze hervorstieß, erschien sie ihm plötzlich, mit ihrem blonden krausen Stirnhaar, unter dem zwei graue Augen zornig zu ihm emporblitzten, wie ein lästiger Köter, der sich einem bellend an die Fersen heftet, vor dem erhobenen Stocke zurückweicht, um im nächsten Momente wieder wütend hinter einem her zu kläffen.

»Wie ein lästiger Köter!« Und mitten in seinem verbissenen Zorn kam es über ihn wie Befriedigung über den zutreffenden Vergleich und er ward ruhiger.

Prüfend überflog er ihre kleine Gestalt; das überquellende, wirre Stirnhaar, die kleine, gestülpte, wie zu kurz geratene Nase, und der Mund, der selbst jetzt, energisch gekniffen, den schnippischen Schnitt der Lippen nicht verleugnete, — er suchte nicht lange, – dann präzisierte er in Gedanken: »Affenpintscher!« Er horchte auf; es klang wie Rasseln einer Hundemarke: Die Münzen, die an dem silbernen Armband klirrend aneinander schlugen. Sein Zorn war verraucht, und während sie nebeneinander längs der Rückseite der Museen schritten, überlegte er nüchtern, was zu tun wäre. Vielleicht einmal Güte, – Sanftmut – jetzt, wo sie es am wenigsten erwartete; er mußte lächeln; er wurde den Vergleich mit dem Hunde nicht los; wenn er anstatt den Stock zu heben ihr schmeicheln würde: »Braves Hundi – gutes Hundi!« – Er griff nach ihrer Hand; sie wollte sich los machen, aber er hielt sie fest und strich sanft über den zu knappen Handschuh, dessen Nähte fast platzen wollten; sie sah ihn mißtrauisch von der Seite an: »Was willst Du?«

»Bitte, willst Du mich ruhig anhören, – ruhig – ohne mich zu unterbrechen?«

»Ja – aber – «

»Bitte, – – sag mir – hab ich Dir jemals – bevor wir«, – er stockte; er schreckte vor dem brutalen Ausdruck zurück, und scheute die Lächerlichkeit der Umschreibung, – »bevor wir – – etwas mit einander gehabt haben, – hab ich Dir jemals versprochen Dich zu heiraten? oder hast Du Dir's eingebildet?«

»Nein – das nicht!«

Er hielt einen Augenblick inne, dann fuhr er fort: »Hab ich damals«, er stockte von neuem; – sie sah zu ihm auf, und an ihrem Blick sah er, daß sie das »damals« verstanden – »hab ich damals nicht durch Monate vollständig für Dich gesorgt – und Du weißt, ich hab mir das Geld ausborgen müssen!«

Sie nickte nur stumm.

»Und dann schau – « er zog ihren Arm empor und legte ihn in den seinen – »wie's auf die Welt gekommen ist, hab ich nicht für's Kind gesorgt, so gut ich's damals konnte, und Du bist ja viel hübscher und gesünder« — er bog den Kopf zu ihr nieder — »als früher, — nicht? — «

Wie mit einem jähen Ruck war sie stehen geblieben, als er vom Kind sprach und sah zu ihm empor; aber nur eine Sekunde lang, und schon schritten sie weiter. Er preßte ihren Arm fester an sich und drängte sie leicht gegen die Stufen, die hinab zum Maria-Theresia-Monument führten. In tiefen Schatten lag es da und das flackernde Gaslicht der Laternen warf nur unsichere Lichter über die niederen Hecken und kuglig zugestutzten Gesträuche der Anlagen.

Er setzte sich auf eine Bank; unschlüssig stand sie vor ihm, und ließ sich langsam von ihm niederziehen, bis sie neben ihm saß, in seinen rechten Arm geschmiegt. Er neigte sich zu ihrem Ohre und begann leise:

»Schau, Juli; also heiraten sagst Du selbst, das geht nicht, — das kann ich doch nicht, und *so* kann's doch aber auch nicht fortgehen; ich hab den Kopf voll mit meinen Sachen, ich muß arbeiten, ich bin jetzt gar nicht aufgelegt zu — so was, — und es hat keinen Zweck; zu was soll denn das führen; schau lieber, daß Du einen ordentlichen Mann bekommst.« —

»Ich wer' nie heiraten!«

»Also heirat' nicht! — aber so gescheit wirst Du doch sein, daß Du einsiehst, daß ich nicht mein ganzes Leben lang immer abends zu den Rendezvous laufen kann, — wenn Du g'rad nichts zu tun hast, — und wenn ich dann nicht komm' — schreibst Du mir Briefe, und schickst mir Dienstmänner über den Hals, und machst mir Skandale, und dann zanken wir uns beide, und giften uns, und ich werd' noch ganz krank davon ... ich halt's nicht mehr aus, ... diese ewigen Aufregungen« — und mit gespielter Verzweiflung drückte er stöhnend sein Gesicht an ihre Schulter. Er wartete einige Augenblicke, — sie blieb stumm; er hob den Kopf:

»So sag' mir doch, was Du von mir willst; willst Du Geld? — ich hab' kein's, aber ich werd' mir's verschaffen, — nur *Ruh'* gib mir, quäl' mich nicht immer fort — ich geh' ja zu Grund dabei.«

Mit matter, ersterbender Stimme hatte er die letzten Worte gesprochen; das mußte sie doch rühren, dachte er, aber wie sie noch immer schwieg, stieg es wirklich in ihm auf wie zornige Verzweiflung; also wieder umsonst, und morgen oder übermorgen würde sie ihm wieder schreiben und ihn schließlich wieder zu einem Rendezvous zwingen; und das würde so fort gehen, fort und fort, noch Jahre vielleicht, und noch Jahre, immer, — sein ganzes Leben lang würde er sie mit sich schleppen, sie — und das Kind! — Das Kind! —

Das war die stumme Drohung, die er in ihren Augen las, wenn sie zornig auseinander gingen und sie ihm die Phrase zurief, die er so genau kannte, so genau — bis auf den Wortlaut und die Intonation:

»Tu nur was Du willst, ich weiß schon was ich zu tun hab'.«

Wie dumm, wie ekelhaft das alles war, und wie hilflos er dem gegenüber stand; er biß die Zähne zusammen und zornige Tränen kamen ihm in die Augen. Sie sah es.

»No ja, — weil Du so bist,« — sagte sie, und ihre Stimme klang nun selbst unsicher, und wie dem Weinen nah. »Ich seh's ja ein, daß das zu nix führt, — so dumm bin ich ja nit — aber weil Du mich so niederträchtig behandelst; wenns D' mich auf der Gassen siehst beim Tag, grüßt Du mich nicht einmal, und schaust weg, und wenn ich Dir bei der Nacht gut genug war, kann ich's Dir bei Tag auch sein; und wenn Du mich warten läßt und nicht kommst, dann krieg ich an solchen

Zorn, daß ich Dich zerreißen könnt — ich weiß ja, daß Du zu tun hast und nicht immer kommen kannst, aber manchmal; — wenn ich Dich nur sehen kann, so bin ich schon zufrieden«, sie begann zu schluchzen — »aber Du, — Du hast kein Herz für einen.«

Er war ruhiger geworden, als er sie so weinen sah; um ihre Taille schlang er den Arm, zog sie an sich, und begann dann leise:

»Also weißt Du was, Juli? ich werde zu den Rendezvous kommen, wir müssen uns erst sukzessive«, — das versteht sie wieder nicht schoß ihm durch den Kopf, »weißt, so nach und nach entwöhnen; erst von einem Mal zum andern, vierzehn Tage, dann vier Wochen, dann ein paar Monate, bis wir aufeinander vergessen, — ja? — und auf der Straße werd' ich Dich grüßen, und Du wirst schau'n, daß Du heirat'st.« —

»No ja! ich seh's ja ein, daß es mit uns nix is', aber vergessen«, — und sie begann von neuem zu schluchzen — »vergessen werd' ich Dich nie; denn weißt Du, wenn einer der Erste gewesen ist, das vergißt man nicht!«

Er war ungeduldig geworden; die ganze Lächerlichkeit der Szene kam ihm beim gequälten Hochdeutsch der letzten Worte, die sie wie eine feststehende Formel sprach, zum Bewußtsein; aber ihre Stimmung mußte er ausnützen.

»Also hör gut zu, Juli! Ich versprech' Dir, daß wir uns von Zeit zu Zeit sehn; Du wirst mir sagen wie's Dir geht, und wenn Du was brauchst, wirst Du Dich an mich wenden; Du versprichst mir aber, daß Du mich nicht mehr mit den Briefen quälen wirst — gut?«

»Ja« —, sagte sie und zog seinen Kopf zu sich nieder, um ihn zu küssen, »ich tu' ja was Du willst, ich mag ja gar nicht, daß Du vor lauter Ärger noch krank wirst.«

Unweit von ihnen knirschte der Sand; durch das Dunkel glänzte es zu ihnen herüber – der Helm eines Wachmanns. – Sie standen auf und schritten langsam Arm in Arm gegen den Justizpalast zu.

»Wir werden doch jetzt nicht die ganze Zeit spazieren gehen«, begann Paul nach einigen Sekunden. –

»Du hast doch bis zehn Uhr Zeit, – nicht?«

»Ja! ich hab' gesagt, ich muß zu meiner Tant' in Döbling.«

»Willst Du in's Hotel? es ist nur weil's gemütlicher ist, als vor den vielen Leuten zu essen und sich angaffen zu lassen.«

»Wenn Du willst?«

»Nein, wenn *Du* willst!«

»Also ja«, und sie schmiegte sich fester an ihn.

Er fühlte es: »Nein«, sagte er, als beantwortete er ihren Gedanken; »wir werden heute gescheit sein, nur nachtmahlen und dann nach Hause gehen, ein Zimmer werden wir ja bekommen, – heut ist ja nicht Sonntag!«

Sie sah ihn pfiffig lächelnd an.

»Du, das sagst Du aber immer; nur nachtmahlen!«

»Nein wirklich« – versicherte er, »auf mein Wort.«

Es war nicht das erste Mal, daß er ihr sein Wort verpfändete, nur um es sich von ihr zurückgeben zu lassen; vielleicht anfangs ehrlich gemeint, war es mit der Zeit für ihn ein bloßes Raffinement geworden, und als der Reiz der Neuheit zu erlöschen begann, war es dies Selbstverbot, das sie ihm von neuem begehrenswert erscheinen ließ. Nicht nur seine Sinnlichkeit, auch seine Eitelkeit war jetzt im Spiele. Fast »Ehrensache« war es ihm geworden, sie dahin zu bringen, daß sie ihn seines Wortes entband, ohne daß er es von ihr verlangt hätte. Er empfand eine Art künstlerisches Behagen daran, diese Szene zu spielen, und, anfangs selbst noch kalt und beobachtend, mit geflüsterten Worten, scheinbar zufälligen Berührungen beginnend, ihre Sinnlichkeit langsam zu entfachen. Und dann ein gutgespieltes Zögern, wenn er sich an sein gegebenes Wort erinnerte, ein Abwehren ihrer Liebkosungen, als fürchte er der Versuchung zu unterliegen und sein Wort zu brechen, und schließlich endlose Küsse, als übermanne ihn die Leidenschaft, – bis sie halb sinnlos, stammelnd ihn seines Wortes entband, und ihre Hingabe fast wie ein Nehmen erschien.

Sie schritten gegen die Josefstadt zu; sie drückte den Kopf an seine Schulter, und kniff ihn zärtlich in den Arm: »Weißt, – wenn ich Dich so lang nicht seh', da kann ich gar nicht schlafen; die ganze Nacht werf' ich mich herum, – und so heiß is' mir immer!« und nach einer Pause: »Weil ich Dich halt lieber hab' als Du mich, viel lieber; schau, ich kann kein Geheimnis vor Dir haben, ich muß Dir gleich alles sagen«; sie zögerte einen Augenblick, dann kam es leise, wie verlegen, über ihre Lippen:

»Ich hab' gestern Brief g'habt; – es is' g'storben!«

Sie log nicht; er sah es an ihren Augen. Er ließ ihren Arm frei und blieb an der Straßenkreuzung stehen; ein offener Fiaker fuhr langsam knapp an ihnen vorüber. Er sah die Nummer auf der erleuchteten Wagenlaterne: 277.

Im Fond lehnte mit übergeschlagenen Beinen ein junger Mann, und während des Fahrens glitt die drapfarbene großkarierte Wagendecke von seinen Knien; auf dem leeren Sitze neben ihm lagen, in weißes Seidenpapier gehüllt, Blumen, – Rosen und weißer Flieder; der Duft schlug Paul in's Gesicht, und zugleich spürte er, wie ein winziges Stückchen Straßenkot von den Rädern her ihm in's Gesicht spritzte; dann war der Wagen vorüber und er hörte hart an seinem Ohr eine fremde Stimme, die seltsam gepreßt klang: »Also gestorben ist es.«

»Ja — Auszehrung hat's gehabt!« sie wußte offenbar nicht, was für ein Gesicht sie dazu machen sollte; sie zog zwei Briefe aus der Tasche und hielt sie ihm hin:
»Da«, sagte sie — »erst haben's mir geschrieben, daß es krank ist, und dann vierzehn Tag später, daß es gestorben ist; am Sonntag haben sie's begraben.« Er hielt die Briefe gegen eine Laterne und suchte; ja, da stand es:» — — — ist den 24. Mai um ½ 2 Uhr Nachmittag gestorben, und wurde Sonntag den 26. Mai begraben. Sie hatte eine schöne ...« er las nicht weiter; er schob die Briefe in die Tasche und während sie in die Josefstädter Hauptstraße einbogen, versuchte er einen klaren Gedanken zu fassen. Er fühlte nichts, er konnte auch nicht nachdenken; er hatte nur die Empfindung als wiederhole jemand in ihm in unendlich rascher Folge die Worte »Also tot, also tot, — tot.« Dann versuchte er sich es klar zu machen: »Tot«, er trachtete das Wortbild zu erfassen, er stellte es sich vor in deutschen, in lateinischen Lettern, er holte die einzelnen Buchstaben aus dem Alphabete und setzte sie zusammen, — aber kein Empfinden rührte sich in ihm. Er war nicht ergriffen, nicht erfreut, in einer Art erstaunter Betäubung schritt er weiter. Aus dem Dunkel einer Seitengasse leuchtete es ihm plötzlich auf dem Milchglas einer Laterne entgegen: »Hotel«. Er blieb stehen. Unmöglich! *Jetzt* konnte er doch nicht mit ihr in's Hotel gehen! Und mit einem Schlag war ihm jetzt alles klar, — alles! Daß die Kleine da neben ihm jetzt machtlos sei, daß ihn nichts mehr an sie kette, daß dieser unerwartete Tod ein Glück für ihn sei, — ein großes Glück; nur mutwillig verscherzen dürfe er es nicht; — wenn er jetzt mit ihr in's Hotel ginge — — — — wer weiß, gerade heute konnte der Teufel wieder seine Hand im Spiele haben, nein, nein — heute nicht; — das hieße das Schicksal herausfordern, — und überhaupt nicht mehr, — gar nie mehr; und er suchte nach einem passen-

den Vorwand, um dieses Zusammensein zu vermeiden. Er ging langsamer; Juli stieß ihn leicht mit dem Ellenbogen: »So geh doch voraus, fragen ob was frei ist, — ich warte unten.« Sein Plan war gefaßt.

»Wart' nur einen Moment«, sagte er, »ich hol' mir nur ein paar Zigaretten von drüben«, und rasch lief er über die Straße zur Tabaktrafik. Drinnen kaufte er ein paar Stambul, und während das Ladenmädchen sie in ein Papier einschlug, nahm er alles Geld aus der Brieftasche, faltete die Banknoten so klein als möglich zusammen und schob sie in seine Westentasche.

»Na endlich?!« sagte Juli, als er zurückkam.

»Du, Du könnt'st mir Geld geben; während Du hinauf gehst fragen, kauf' ich mir noch geschwind ein paar Zuckerln — weißt, die sauern.«

»Bitte!« und vergnügt, daß sie ihm unbewußt das Stichwort gab, zog er die Brieftasche heraus; er stutzte:

»Na, das ist aber zu dumm«, stieß er mit gutgespielter Bestürzung hervor, »jetzt hab' ich mein Geld zu Hause vergessen!«

»Na, mach keine dummen Witze!«

»Bitte«, und er hielt ihr die Brieftasche hin; sie untersuchte sie genau, dann mit einem letzten Aufleuchten von Hoffnung in der Stimme:

»Na, und im Börsel?«

Er zog sein Portemonnaie: »62 Kreuzer — und Du?« fragte er.

»Ich hab an Gulden mit, zusammen nicht einmal für's Zimmer«, und mit enttäuschter, weinerlicher Stimme fuhr sie fort:

»Geh, hol mich morgen ab; wir haben unsern Operntag, — da bin ich von halber siebene bis halber zehne frei — drei Stund'.«

»Morgen kann ich nicht!«
»Warum denn nicht?«
Er sah sie streng an; dann mit dem vollen, frohen Gefühle, nicht mehr Rücksichten nehmen zu müssen, antwortete er im schärfsten, abfertigenden Tone:
»Weil — ich — nicht — kann; bin ich Dir vielleicht Rechenschaft schuldig?« dann etwas milder gestimmt durch ihr tieftrauriges Gesicht: »Vielleicht Sonntag!«
»Sonntag kann ich nicht, da hab ich keinen Ausgang!«
»Also nächsten Sonntag!«
Sie unterbrach ihn hastig: »Nein — nein — es wird schon gehen; die Köchin oder das zweite Stubenmädel wird schon mit mir tauschen! — ich schreib' Dir, — ob ich kann!«
»Meinetwegen«, sagte er und sie gingen gegen den Ring zu.
»Ich begleite Dich bis zu Deiner Wohnung!« schlug sie vor.
»Du wirst jetzt mit der Tramway nach Hause fahren«, befahl er; sie stieg ein; von der Plattform, auf der sie stehen blieb, — winkte sie ihm zu, und »vergiß nicht auf Sonntag« rief sie noch rasch, als sich der Wagen in Bewegung setzte.
Paul sah ihr nach, dann wandte er sich erleichtert aufatmend, zum Gehen.
Er knöpfte den Überrock auf, schlug ihn zurück und schob seinen Hut nach rückwärts, um den kühlen Frühlingswind um Brust und Stirne streichen zu lassen; ihm war unendlich wohl. Er war ein wenig verwundert, daß er nichts von Trauer oder auch nur Erschütterung empfand; er kam sich vor wie ein Abgestürzter, der, wenn der erste Schreck vorüber, aufsteht und ganz erstaunt sich heil und gesund findet. Er tastete in seinem Innern nach einer schmerzenden Stelle, — er fand keine.
»Dein Kind ist tot!« er sagte es sich immer von neuem.
»*Dein* Kind« und horchte, — als müsse etwas in ihm klagend aufschreien; aber nichts als ein frohes Gefühl des Erlöstseins

überströmte ihn. Er griff in die Rocktasche nach den Briefen; den einen steckte er wieder ein, — der interessierte ihn nicht; er überflog während des Gehens rasch den zweiten, der den Tod des Kindes berichtete; — da, auf der letzten Seite fand er endlich, was er suchte, die Krankheit, an der es gestorben: »Auszehrung und Wasserkopf«. Er schob den Brief peinlich berührt in die Tasche; wie häßlich, das klang: »Auszehrung und Wasserkopf.« Er verband nur unklare Begriffe damit, aber sie reichten hin — um ihm fast den Appetit zum Nachtmahl zu verderben; bei Gelegenheit mußte er sich das übrigens von einem Arzt erklären lassen. Er sah auf die Uhr: Viertel zehn. Dann überlegte er in welches Restaurant er gehen solle; irgendwohin, wo er keine Bekannten fände, — er wollte heute allein sein. Es fiel ihm ein, daß heute keiner beim »Riedhof« sein dürfte; — im Theater an der Wien war eine Premiere, — und nachher soupierten sie wohl alle in der Nähe des Theaters, — also Riedhof — und er bog vom Schottenthor in die Alserstraße ein. Er schritt an der Alserkaserne vorbei; im Tore lehnten Soldaten; ein ungarisches Regiment, dessen Aufschläge er im Dunkeln nicht mehr unterschied; dann schritt er hinüber auf die andere Straßenseite, und er dachte an die Abende, an denen er so oft, da, an der Straßenecke, bei der Kirche, die an das Findelhaus stieß, gestanden war.

Carl Randl, — der einzige seiner Kameraden, mit dem er auch noch nach seinem Freiwilligenjahr verkehrte und intim geworden war — hatte ihm damals den Rat gegeben, Juli während der letzten Wochen ihrer Schwangerschaft auf der Zahlabteilung des Findelhauses unterzubringen.

Die wenigsten wußten es — und auch Carl Randl hatte es nur durch einen Vetter, der Arzt war, erfahren — was für seltsame Bestimmungen für die Zahlabteilung galten.

Man mußte bei der Aufnahme nicht den wahren Namen nennen, — nur in einem versiegelten Kuvert, das hinterlegt, und einem bei der Entlassung zurückgegeben wurde, gab man — für einen etwaigen Todesfall — seinen Namen an; und wenn man dann am Tage der Geburt des Kindes eine bestimmte Summe — von einigen hundert Gulden — erlegte, war man auch der Sorge für das Kind enthoben. Die Gemeinde — das Land, sorgte für das Kind, und die Mutter des Kindes konnte aus der Anstalt scheiden, ohne daß irgend jemand ihren Namen erfahren hätte; sie ging, und was man ihr mitgab, war ein Schein über die Aufnahme des Kindes, das außer dem Namen, den man ihm willkürlich wählen konnte, noch eine Nummer erhielt — wie ein Schirm in einer Garderobe. Das war der »Zettel«, den er Juli einmal abgeschmeichelt hatte, und den sie — so oft sie böse wurde — zornig von ihm verlangte; sie wußte es: Mit dem Scheine konnte sie jederzeit das Kind zurückverlangen und hatte eine Waffe gegen Paul in der Hand; ohne den »Zettel« — wie sie den Schein beharrlich nannte — war sie fast machtlos. Jetzt war dies alles gegenstandslos, und beinahe feierlich griff Paul nach seiner Brusttasche; er öffnete ein kleines versiegeltes Kuvert; dann blieb er bei der Laterne stehen, und langsam, als wollte er sich noch einmal den Wortlaut genau einprägen, las er:

»Aufnahmszahl 5712 vom Jahre 1888. Empfangsschein über den am 17. Oktober 1888 geborenen Findling Juli Walter, welcher am 18. Oktober 1888 in die n. ö. Landesfindelanstalt gegen Erlag von 150 Fl. ö. W. aufgenommen wurde. Heimattaxe 60 Fl. Lt. D. No. 1273 vom 18./II. 1888.«

»1273« Paul wiederholte nachdenklich die Zahl; er zerriß, während er quer über die Straße schritt, den Schein in kleine Stückchen, die er im Gehen neben sich hin säte. Der Wind faßte sie und trieb sie wirbelnd, mit bunten Tramwaykarten und Plakatfetzen vermischt, in die schmale Seitengasse, aus der die Laterne des Restaurants ihm entgegen glänzte.

Auf der andern Seite des Gäßchens standen zwei an der Mauer im eifrigen Gespräch; er, schmächtig, hochaufgeschossen, bartlos, mit verlotterter vorortlicher Eleganz gekleidet, und neben ihm, im eifrigen Gespräch, sie, — ein Spitzentuch um den Kopf, eingewickelt in ein Wolltuch, dessen lange Fransen an der Mauer verzerrte Schatten warfen. Paul kam näher; er sah ihre Züge. Ein verlebtes gedunsenes Gesicht einer Dreißigjährigen; und wie sie jetzt mit der ganzen verzweifelten Hast einer Frau, die verlassen zu werden fürchtet, auf den jungen Burschen einsprach, ihn beim Arm faßte und er, verdutzt und verdrießlich auf ihren hochschwangeren Leib heruntersah, — erschienen ihm die zwei wie phantastische Schattenspielfiguren, die die Szenen, die sich zwischen ihm und Juli an derselben Stelle abgespielt hatten, parodierten.

Er stäubte ein Papierfetzchen, das der Wind zu ihm zurückgetrieben, von seinem Überrock, und schritt über die Schwelle des Restaurants. »Fertig!« seine Stimme klang energisch, triumphierend, und hallte im Korridor wider, daß der kleine blonde Kellner, der aus dem Speisesaal kam, erschrocken zusammenfuhr.

II.

Den andern Morgen erwachte Paul mit einem frohen Glücksgefühl. Ihm war, als habe er unendlich Schönes geträumt, an das er sich nun nicht mehr erinnern könne; er schloß die Augen — er wollte weiter träumen, — aber es ging nicht. Als Kind, am Morgen nach dem Weihnachtsabend, war ihm so zu Mute gewesen, wenn er erwachte und noch betäubt vom tiefen

Kinderschlaf nach all' den schönen Dingen tastete, die ihm der Abend gebracht, und an die er sich kaum zu erinnern wußte.
Unwillkürlich streckte er die Hand nach dem Nachtkästchen hin, — es knisterte wie Papier: die Briefe. — Das war es. Und er dehnte sich von neuem behaglich in seinem Bette, und schloß die Augen.
Er war also frei, vollständig frei! Und für all' die Schreckbilder, mit denen ihn noch vor vierundzwanzig Stunden seine leicht erregbare Phantasie gequält, hatte er jetzt nur ein mitleidiges Lächeln. Es war auch zu dumm gewesen, an derlei Dinge zu denken, — er sah es ein.
Da war vor allem die große Szene, die er so oft in Gedanken durchgespielt hatte, mit allen möglichen glücklichen und tragischen Lösungen. Er — am Arme seiner Braut, im Hochzeitsschmuck, im Begriff in den Wagen zu steigen — und, am Tore lehnend, Juli, wie sie in den hocherhobenen Armen ein halbwüchsiges Kind hielt, und ihm das traditionelle »Elender« entgegenschleuderte; und noch ein zweites Bild, das er sich ausgemalt: »Nach zwanzig Jahren.« Er selbst, glücklich verheiratet, und Vater eines Sohnes und einer Tochter, — heute erschien es ihm unerfindlich, warum er gerade eine Tochter und einen Sohn haben mußte. — Da erfährt er, daß sein Sohn ein Mädchen liebt, »eine Unwürdige«, und im Begriffe, seinen Sohn aus den Netzen dieser »Unwürdigen« zu lösen, »Netzen zu lösen« — Paul deklamierte es laut parodistisch vor sich hin — entdeckt er, daß diese »Unwürdige« Julis Tochter, — sein Kind — sei! Und Paul lachte hell auf; dann schämte er sich. *Ihm*, gerade *ihm*, dem abgesagten Feind jeder großen Pose mußte es passieren, daß seine Phantasien sich in den Formen abgeschmackter Boulevarddramen bewegten; aber daran war doch nur sie schuld, — die kleine Person, — die ihn — er war

davon überzeugt — nach und nach auf ihr Niveau herab gezerrt haben würde; auf ein Kammerjungferniveau! Wie seltsam das doch war. Er, der Mann der überfeinen Nuancen, den die Farbe, der Schnitt eines Kleides, an seiner Geliebten verstimmen konnte, und dem seine Freunde scherzend aufgebracht hatten, er habe ein Mädchen verlassen, nur weil sie zu einer englischen Straßentoilette einen Spitzenschirm getragen habe — er und eine Kammerjungfer! Wie's nur gekommen war? Nur den *Anfang* hätte er sich erklären mögen, denn alles andere erklärte sein indolentes, träges Temperament. — Und er erinnerte sich an jenen Sonntag abend im Mai; den Nachmittag hatte er in Dornbach bei ihr verbracht, — der schönen alternden Frau, an die ihn nichts mehr als seine Eitelkeit fesselte; und er war ihrer so überdrüssig! Ihre schöne, — seit *siebzehn* Jahren berühmt schöne — Büste, ihren großen Augenaufschlag, die klugen, wissenden Liebkosungen, — er kannte das alles, so genau! Und dann, — liebte sie ihn denn auch wirklich? War er, — der Einundzwanzigjährige, für sie, die vollblütige, fast vierzigjährige Frau, nicht nur ein Medikament — wie irgend ein anderes, — gegen Kopfweh und Kongestionen, rangierte er nicht gar am Ende nur ein klein wenig vor ihrer Masseuse? Und wie er nun an jenem Abend mit dem letzten Tramwaywagen von Dornbach in die Stadt fuhr, und auf der Plattform lehnte, mitten unter all' den sonntäglich geputzten Leuten, deren Fröhlichkeit nun in schlaftrunkener Zärtlichkeit zu enden schien — nur hie und da noch ein Witzwort und Lachen, und überall Mädchenköpfe, die sich müde an die Schultern des Geliebten lehnten, dessen Arm sie umschlang, — da überkam es ihn mit einem Mal wie Sehnsucht nach etwas Jungem, Frischem, Knospendem, — und junge, dumme, unerfahrene Liebe, der jungfräuliche Duft eines schlanken Mädchenleibes und selbst das Knattern steifgestärkter Kattunröcke, – wie begehrenswert erschien ihm dies alles nach den üppigen, heißen, von einer Dunstwolke von Peau d'Espagne umschwebten Formen, der vielerfahrenen Frau in der Villa da draußen, – nach dem Knistern und Rauschen ihrer Dessous aus Seide und Spitze. Und der kühle Nachtwind war über sein Gesicht geglitten, und wie er tief und lange Atem holte, fühlte er einen seltsamen Duft: würzig, beizend und süß zugleich, und wie er den Kopf spürend hob, sah er Juli sitzen; in den Händen hielt sie den Strauß Blumen, die sie am Nachmittag gepflückt: Waldmeister, Erdbeerblüten und junges Eichenlaub.

Am hellichten Tage, auf der Straße, wäre er achtlos an ihr vorüber geschritten, aber wie sie ihm damals erschien, den Kopf an die Fensterscheibe gelehnt, mit halbgeschlossenen Lidern, – nahmen Müdigkeit und Nacht was gemein und gewöhnlich war von ihren Zügen. Und dann verirrte Geigentöne, die der Wind, von den Gasthäusern am Wege, zu ihm herauftrug, und immer wieder Waldmeisterduft, der durch all' den Tabaksqualm, und weinschweren Atem der Leute ringsum, siegend durchdrang! ..... Stimmung, – nichts als Stimmung! Auf das bißchen Blumenduft und Halbdunkel und die blaue Wagenlaterne und das bißchen Musik war er hineingefallen, – ganz einfach hineingefallen, wie das naive Publikum in der Vorstadt draußen auf irgend ein plumpes Melodram. Und doch, wenn er nachdachte, war dies vielleicht das einzige Schöne in all' den drei Jahren gewesen, das und allenfalls noch auch der Sonntag nachmittag darauf, an dem er im Abenddämmern sie in seinen Armen hielt, ein wenig dankbar, ein wenig stolz, aber vor allem so erstaunt darüber, – daß sie noch keinem vor ihm angehört hatte. An Gelegenheit hatte es ihr doch wohl kaum gefehlt? – Paul setzte sich auf den Bett-

rand und begann sich anzukleiden; wozu er sich doch mit all'
dem beschäftigte, jetzt, wo es doch zu Ende war?

Er nahm die Briefe vom Nachtkästchen, legte sie enggefaltet in seine Brieftasche, und suchte seinen Gedanken eine andere Richtung zu geben. Vergebliche Mühe! Immer wieder kehrten sie zu Juli zurück; klar, präzise, als wären erst Tage seither vergangen, rollten sich seine Erinnerungen ab. Die verrückte Eifersuchtsszene, − denn wenn er sie auch nicht liebte, eifersüchtig war er doch − weil sie mit einem Kellner im Fasching auf einen Maskenball gegangen war. Er hatte sie damals geprügelt; er erinnerte sich daran mit der ganzen Befriedigung eines weichen empfindsamen Naturells, das stolz ist, einmal auch brutal gewesen zu sein, − ganz ordentlich geprügelt. Freilich als er sie dann am Boden liegen sah, schluchzend und stumm, war er neben ihr niedergekniet, hatte sie um Verzeihung gebeten, sie mit Küssen bedeckt, ihre Hand, ihren Mund, alles mußte er sich mit vergewaltigender Zärtlichkeit neu erobern, und als er sich dann über sie hinwarf, und sie sich ihm endlich gab, fühlte er es, wie aus diesem biegsamen Mädchenleib, der ihn umschlang, Flammen auf ihn überströmten, − heißer und versengender als je zuvor − während noch die Lippen in Zorn und Schmerz bebten und ihre Tränen seine Wangen feuchteten. −

Und zwei Wochen später wußte er, daß sie sich Mutter fühlte. Er hatte es anfangs nicht glauben wollen, gezweifelt, gehofft, daß es ein bloßer Irrtum sei, bis die Gewißheit kam − die augenscheinliche Gewißheit.

Wie eklig, wie gemein und traurig das war! Er sah es noch, das kleine, schmale Kabinett, das er weit draußen in der Taborstraße für sie gemietet, recht weit draußen, damit er niemand Bekannten träfe, wenn er zu ihr ging, und fast ein halbes Jahr lang war er täglich die gewundenen Treppen hinaufgestiegen, durch spärlich beleuchtete Gänge, in denen der gleichmäßig langsame Tropfenfall der Wasserleitungshähne, leise, unheimlich, widerhallte. Eine schmale backsteingepflasterte Küche, die als Vorzimmer diente, in der er Schirm und Überschuhe ablegen mußte, dann ein großes Zimmer, in dem das Ehepaar wohnte, welches ihm das Kabinett vermietet hatte. Er, — nahe an vierzig, ein Slowake aus Oberungarn, mit spärlichem Bartwuchs, langem, schwarzem, strähnigem Haar und einem Stelzbein — er war als Knabe überfahren worden — sie — klein, mit scharfgeschnittenen Zügen, kurz gestutztem Haar und blassem, blutleerem Gesicht, aus dem zwei schwarze stechende Augen unruhig blickten. Wenn Paul leichthin grüßend durch das Zimmer schritt, hielt sie ihn auf, um mit ihm zu plaudern; da erfuhr er, daß der Mann tagsüber bei einem Herrenschneider arbeitete — während sie ihre kleine Privatkundschaft habe, für die sie Weißwäsche nähe — auch Ausstattungen für Neugeborene, — betonte sie, — daß ihr Mann brav sei — nicht trinke — ein kühles Temperament habe — »no ja, — er kommt aber auch ganz abgearbeitet nach Hause!« Daß sie leider voraussichtlich nie Kinder haben würden, nachdem sie bis jetzt, nach zehnjähriger Ehe, keine hätten — übrigens sei vielleicht auch sie schuld — »als Mädel war ich immer bleichsüchtig.« Dann bat sie ihn, er möge ungeniert die Tür vom Kabinett offen lassen, wenn er hineinginge, damit ein bißchen Wärme vom Zimmer hineinströme, der kleine Ofen im Kabinett heize so schlecht, — ganz ruhig offen lassen; sie gebe gewiß nicht acht, was drinnen vorginge, überdies käme ja bald ihr Mann, mit dem sie plaudere, und dem sie das Essen vorsetzen müsse, — und sie höre und sehe nicht — auch wenn er das Licht brennen ließe — was drinnen geschähe, — er brauche sich gar nicht zu genieren,

»bitt' Sie! — vor verheirateten Leuten«? und sie sah ihn mit laszivem Lächeln an.

Und das Kabinett selbst! Schmal, mit weißgetünchten Wänden, an denen kleine verblaßte Öldrucke in gepreßten Papierrahmen hingen. Auf dem Tischchen ein Schnellsieder, seine Photographie und ein paar Lieferungen eines Kolportage-Romans; kein Diwan, und so saß er denn meistens mit Juli auf dem schmalen Bette, das die ganze Breite des Kabinettes einnahm. Den ganzen Tratsch der Nachbarschaft mußte er von ihr anhören, und erst wenn sie damit fertig war, lehnte sie sich an ihn, und löschte die Kerze, die auf dem Nachtkästchen stand. Sie ahnte nicht, wie wenig gelaunt er war, ihre Liebkosungen zu erwidern, sie begriff nicht, warum er zögerte, jetzt, »wo's doch alles eins war«, — wo sie nichts mehr zu befürchten hatten. Und während sie heiße, rückhaltslose Liebe von ihm erwartete, mußte er seine ganze Willenskraft aufbieten, um den Ekel zu überwinden, der in ihm aufstieg vor diesem Körper, den ihr Zustand bereits zu entstellen begann, vor den nackten, schamlosen Worten, die sie ihm zuraunte, vor den zwei Leuten, die im Nebenzimmer am Schlüsselloch lauschten, vor diesem ganzen Verhältnis, das ihn erniedrigte und herabzog. Und Paul fühlte noch jetzt — wo er bloß daran dachte, einen dumpfen, beklemmenden Druck sich über seine Brust lagern! — Oder war es nur die gesperrte Zimmerluft, die ihm so ängstigend den Atem versetzte? — Er lief zum Fenster; als er den Vorhang zurückschob und das innere Fenster öffnete, brach die Sonne flutend herein, und er hörte den Straßenlärm verworren gedämpft; dann stieß er den äußeren Flügel auf.

Scharf und schrill klang jetzt an sein Ohr: Das Rasseln und Klingeln der Tramwaywagen, Spatzengeschrei, und drüben in der Reitallee Knirschen des Sandes. Ein Trupp Pferde aus den

Hofstallungen kehrte aus dem Prater zurück, und das tolle Jagen weißer Bull-Terrier, die sie bellend umsprangen, störte die feierlich-kokette Grandezza ihres Schritts. Paul lehnte sich an die Fensterbrüstung; ein Windstoß fing sich in den weiten Falten seines offenen Hemdes und umglitt seinen Körper spielend, wie leises Tasten einer kühlen Frauenhand. Er atmete langsam und tief; dann sah er auf die Straße. Seltsam, daß sie den Frühling immer draußen, im Wald, auf den Äckern, in blühenden Gärten suchten — die Maler und die Dichter! Waren ihre Sinne so stumpf, liefen ihre Gefühle nur in ausgetretenen Bahnen, daß sie nur das im Leben sahen, was sie vorher auf Bildern gesehen, nur empfanden, was sie vorher durch Bücher empfunden? Da — über der Stadt, in *seiner* Sonne, die alle Farben zarter und froher machte, lagerte er ja — Seine Herrlichkeit — der Frühling! Das matte Creme und kühle Steingrau der Ringstraßenpaläste als Grundton, und dazwischen lustige Farbenkleckse; bunte Staubtücher, die aus offenen Fenstern flatterten, unten auf der Straße mitten aus den dunklen Tönen der Fiaker ein spiegelnder, weißlackierter Milchwagen, rote Pünktchen, — die Kappen einer Gruppe Dienstmänner drüben beim Grand-Hotel; dann mit grellen schreienden Farben eine Annoncensäule, und verstohlen, als gehöre es nicht hierher, sparsam knospendes Grün junger schlanker Bäume in den Alleen. Und jeden Augenblick, wenn ein Fenster geöffnet ward, zuckte ein Blitz über die Straße, blanke kupferne Drähte funkelten hoch oben in der Luft, und ein Regenbogen im Wasserstrahl, mit dem man die Straße besprengte. Paul beugte sich weit über die Brüstung; vom Opernhaus, dessen Ecke er noch sah, glänzten die beiden Flügelrosse herüber; er mochte sie sonst nicht leiden, aber heute war ihm, als breiteten sie die Flügel, um ihn mit sich fortzutragen — weit hinaus! Dann sah er nach rückwärts in's Zimmer. Im tiefen Schatten lag auf dem Nachtkästchen die Brieftasche; er dachte an die Briefe. Es schien ihm, als hätte ein andrer all' die Dinge erzählt — die ihn noch eben — selbst in der Erinnerung — so verstimmt hatten; — *er* hatte nichts erlebt, — *er* wußte davon nur durch den andern, und auch das war wohl schon lange her — so sehr verblaßte dies alles in weiter Ferne. —

III.

In den nächsten Tagen war Paul guter Laune.

An seine Eltern, die eine Woche vorher nach Karlsbad gereist waren, schrieb er Briefe in lustigen Knittelversen, suchte Bekannte auf, die er seit Monaten vernachlässigt hatte, und wenn er abends am Kaffeehaustische in seiner täglichen Gesellschaft saß und schwieg, zog über sein Gesicht ein seltsam lustig-schlaues Lächeln, als wüßte er etwas sehr Heiteres und Schönes, das er den andern verschwiege. Er fühlte sich lebhafter und unternehmungslustiger als je; auch hatte er die Empfindung, als bereite sich etwas unerwartet Schönes vor, etwas, was ihn über seine sonstige apathische Alltagsstimmung hinaus heben würde, etwas ganz Besonderes; eine große Leidenschaft, eine Liebe, die ihn *endlich* trotz seines kühlen selbstbeobachtenden Temperamentes in ihre Wirbel ziehen, ihn *endlich* blind und toll und glücklich machen würde. Wenn er abends durch die Straßen schlenderte, war ihm, als hätte er die Tore zu seinem innersten Empfinden weit — weit aufgespannt und warte nur auf diese Liebe, die »große Liebe«, die da einziehen und ihn wehr- und widerstandslos finden sollte. Oft war's ihm, als müßte es in den nächsten Augenblicken geschehen: Dort, wenn er um die Ecke biegen würde, — und er überquerte manchmal die Straße, nur weil einen Augenblick lang in ihm ein Empfinden war, drüben, grade aus jenem Haustore werde sie jetzt heraustreten — »Sie!« So stark war diese Stimmung in ihm geworden, so sehr glaubte er daran, daß er eines Tages bei einer Witwe im Heiligenkreuzerhofe ein Monatszimmer mietete, nur daß alles bereit wäre, wenn der Augenblick käme. Aber nichts ereignete sich.

Das verabredete Rendezvous mit Juli hatte er nicht eingehalten, Briefe, die von ihr kamen, unbeantwortet gelassen, — er dachte kaum an sie. Nur überkam ihn manchmal plötzlich eine unerwartete Lust, mit dem einen oder andern seiner Bekannten von ihr zu sprechen oder eigentlich nicht von ihr, — vom Kinde.

Er hätte gerne gefragt, ob sie denn auch solche Unannehmlichkeiten schon durchzumachen hatten, ob ein uneheliches Kind ihnen irgendwo aufwuchs, ob sie sich darum kümmerten, — oder nicht, und eine Art postumer Vaterschaftsstolz wurde in ihm wach, den er nur mühsam verbarg. So lange das Kind lebte, hatte er an seine Vaterschaft geglaubt, dann wieder an ihr gezweifelt — wie gerade das Wetter und seine Laune war. Wer sagte ihm denn, daß nicht der Kellner, mit dem Juli damals auf dem Maskenball gewesen war, der Vater des Kindes sei? Julis Versicherung, daß der Kellner sehr schüchtern und anständig war, ihr Schwur, daß niemals ein anderer als er ....? Mein Gott! Schwüre in Liebessachen! — Aber jetzt, seitdem er wußte, daß es tot war, zweifelte er auch keinen Augenblick daran, daß es *sein* Kind gewesen war; *er* hätte es beschwören mögen, — so stark und sicher wurzelte dies Empfinden in ihm. Oft ertappte er sich jetzt auf einem seltsamen grundlosen Interesse, mit dem er kleine Kinder auf der Straße musterte, und immer wieder prüfte er sein Empfinden und war erstaunt, daß nichts von Trauer oder auch nur Mißbehagen um den Tod seines Kindes sich in ihm regte. Freilich, er hatte es nie geliebt, nie gekannt, nie gesehen, aber wie kam es denn, daß er nie — so lange es lebte, — sich darum gekümmert?

Er begriff den Staat, die Gesetze, die zwischen ehelichen und unehelichen Kindern unterschieden, den einen eine Vorzugsstellung vor den andern einräumten; der Staat! die Gesetze! für die gab es Opportunitäts-Gründe, die hatten die Moral, die Sitte, die Ordnung zu schützen. Aber gab es denn Opportunitäts-Gründe für Gefühle? Brauchte es denn eine Sanktion durch die Gesetze, damit das, was die Menge die »Stimme des Blutes« — nannte, in einem spräche? Schwieg diese Stimme, wenn die heiligende Formel fehlte? Ah, die Legitimen, — wie gut sie es hatten!

Man dachte an sie, — ehe man sie gezeugt, man liebte sie, ehe sie geboren, mit Spitzen und Stickereien schmückte man ihr warmes weiches Nest, und in dem Trockensten und Gefühlsärmsten zitterte geheime Erregung, wenn er zum erstenmal »sein Fleisch und Blut« in den Armen hielt. Seinen Namen, sein Vermögen, das Beste was in einem war an eigenen unerfüllten Hoffnungen und Träumen, gab man ihnen mit — den Legitimen. Sie waren »der Segen Gottes«, den man herabflehte, oder zumindest ergebungsvoll hinnahm, — die andern — ein unglücklicher Zufall, den man verwünschte. Warum verstummte sie denn bei den andern, diese »Stimme des Blutes«? Oder war sie gar nicht so instinktiv so elementar? War diese Liebe zu den Kindern nicht zusammengesetzt aus Schöpferfreude, aus dem vagen Empfinden, daß sie eine Art Fortdauer nach dem eigenen Tode waren, aus Pflichtgefühl, und vor allem aus Gewohnheit, die die Liebe erstehen ließ, festigte, und überstark machte? Glaubte man nicht bloß sie zu lieben, ehe sie noch da waren, — eben weil man wußte, daß man

sie später lieben würde? Und hätte er nicht dieses Kind, das nun tot war, geliebt, wenn er es gekannt, wenn es neben ihm aufgewachsen wäre, wenn er später vielleicht nur ein wenig von sich selbst, in ihm entdeckt hätte?
Wenn er es gekannt hätte! –
Und Paul dachte nach: Wie mochte es nur ausgesehen haben? Die Farbe der Haare, der Augen – – – – – – – er wußte es nicht, er hatte es nie gesehen. Ein Name, und die Nummer, die man ihm in der Findelanstalt gegeben, – mehr bedeutete es ihm nicht!

IV.

Langsam kam der alte Dienstmann die Treppe herab. Paul lief ihm ungeduldig in's Treppenhaus entgegen. »Nun«, fragte er ihn, »haben Sie ihr den Brief gegeben?«
»Ja.«
»Ihr selbst?«
»Ja; sie wird gleich kommen, sie tut nur zuerst 'n Tisch decken!« und der Dienstmann zog tief grüßend seine Kappe und ging.

Paul horchte auf; aus einem oberen Stockwerk klang das Zuklappen einer Türe, und Schritte kamen die Treppe herunter, – Mannesschritte. Der Zufall konnte es wollen, daß es irgend ein Bekannter sei, und Paul trat aus dem Hausflur auf die matt beleuchtete Straße, und beschloß draußen auf Juli zu warten. Seit drei Tagen strich er allabendlich um das Haus herum, ohne einen Entschluß fassen zu können. Er hatte Juli keine Antwort auf ihre Briefe gegeben, – er wollte all' dem ein Ende machen, und doch quälte ihn ein Verlangen, mit ihr von dem Kinde zu sprechen. Sie war doch die einzige – mit der er es konnte; nur sie wußte etwas von dem Kinde, und so unbegreiflich und lächerlich ihm diese Neugier erschien, er gab ihr nach, — er kannte den zähen Eigensinn seiner Gedanken.

Woher nur diese bohrende Neugier kam? Er wurde sich nicht klar darüber. Schließlich fand er auch wirklich nichts dabei, einmal mit Juli von dem Kinde zu sprechen. Sie würde ihm einfach sagen, so und so habe es ausgesehen, ihm mitteilen, was sie vielleicht von den Pflegeeltern wüßte — — nun und damit würde er dann seine Marotte befriedigt haben, — denn es war ja nur eine Marotte — dumm und zwecklos! Er schritt ungeduldig auf der Straße auf und ab; dieses Warten machte ihn nervös und ärgerlich. Er trat wieder in die Einfahrt des Hauses und horchte. Es war still; nur aus der Portierswohnung klangen die Töne eines verstimmten Klaviers; jetzt fiel oben eine Türe laut in's Schloß, dann ein scharf skandierter jambischer Rhythmus von Füßen, die immer zwei Stufen zugleich nahmen, — das mußte Juli sein; mit raschen Schritten war er im Stiegenhaus; da kam sie die Treppe herab; im Mezzanin neigte sie sich über das Geländer und rief ihm vergnügt »Servas!« zu. Es widerhallte laut; wütend über ihre Ungeniertheit, lief Paul voraus auf die Straße, bog um die Ecke in die stillere Seitengasse, und da erst blieb er stehen und wartete. Sie kam atemlos und kniff ihn zärtlich in den Arm:

»So lang hab' ich dich schon nicht g'seh'n; warum bist denn nicht kommen? nicht einmal geantwort' hat er mir auf meine Brief', — der schlechte Mensch!« und vergnügt lächelnd, rieb sie sich mit der Schulter an ihm, wie eine Katze.

»Ich habe nicht kommen können, — ich war verhindert«; er sagte es zögernd, langsam, hinhaltend und suchte nach einer passenden Einleitung, — so direkt konnte er sie doch nicht fragen; aber Juli drängte ihn in den Schatten eines vorspringenden Torbogens, und knapp vor ihm stehend, begann sie mit Worten, die sich hastig überstürzten, zu erzählen.

»Du, Paul, was ich Dir sagen muß, der Herr Leopold, — weißt, unser junger Herr — der möcht' gern mit mir anfangen, Du, der ist Dir durchgewichst, — wenn ich im Vorzimmer bei ihm vorübergeh', streift er immer, so wie zufällig, an mir an, und – – – «

Paul unterbrach sie:

»Das interessiert mich nicht«, dann plötzlich, ohne Übergang:

»Du — hast Du es noch nachher — ich mein', so — nach der Taufe — noch gesehen — das Kind?«

Juli sah erstaunt auf; sie begriff nicht recht.

»No ja«, sagte sie; »freilich hab' ich's g'seh'n, es ist ja vierzehn Tag hier 'blieben, bevor's auf Land 'kommen is'« — dann aber fuhr sie eifrig in ihrer unterbrochenen Erzählung fort.» — und dann will er immer, ich soll ihn in der Früh aufwecken — no, und da hab' ich immer an die Tür klopft, so hat er mir g'sagt, das hört er nicht, ich soll hineinkommen in's Zimmer, so hab' ich g'sagt, das tu ich nicht, so hat er — – – «.

»Wenn ich Dir aber sag', daß mich das gar nicht interessiert«, fuhr Paul auf; aber Juli faßte ihn eifrig bei der Hand:

»So hör' doch zu, was er g'macht hat; so hat er die Kleider zum Putzen nicht mehr hinausgelegt in's andere Zimmer wie früher, sondern auf'n Sessel beim Bett; und weil der Franz — weißt, das is unser Diener — auf 8 Tag hat dürfen nach Haus fahren zu seine Eltern, — so putz' ich jetzt die Kleider, und wie ich vorgestern in der Früh sie holen will, springt er Dir nicht aus'n Bett heraus, — so wie er is — und packt mich bei der Hand, und will mich hinziehen — no ich hab' aber

g'schaut, daß ich aus'n Zimmer komm' — und rot is er Dir im Gesicht gewesen, hochrot und« — — — und Juli brach plötzlich ab und begann laut zu lachen. Paul sah sie zornig an. War man denn nicht im Stande, mit ihr vernünftig zu reden? Er fuhr heftig auf:
»Gib jetzt Antwort, was ich Dich frag'. Wie hat das Kind ausgesehn, — was für Farb' haben die Haare gehabt, was für« — —

Juli schüttelte erstaunt den Kopf:
»Na was Dich das jetzt noch interessiert? So mehr dunkles Haar hat's g'habt, und ausg'schaut — no so wie sie halt alle in dem Alter ausschaun, a sehr a hübsches Kind war's, — die Hebamm' hat's auch g'sagt, no jetzt ist ihm ohnehin besser oben im Himmel als Engerl, was hätt's denn auch gut's g'habt hier unten auf dera Welt?«

Sie schwieg einige Sekunden; dann aber fuhr sie fort, als wäre ihre Gedankenreihe durch die Frage nach dem Kinde kaum unterbrochen:
»Du — aber stark ist Dir der Poldl — für sein Alter — das sollt' man gar nicht glauben — mit fufzehn Jahr'n!« Sie sah einen Augenblick vor sich hin, dann preßte sie sich zärtlich an Paul und mit dem Knopf seiner Weste spielend:
»Du — Paul, übermorgen ist Feiertag, — ich werd' Dich um fünfe bei der Tramwayhaltstell'n beim Schottenthor erwarten, — ja?«
»Nein!« Paul stieß es kurz und zornig hervor, dann fiel ihm wieder ein, daß dies doch der einzige Weg war, mehr von ihr zu erfahren.

Ein paar Stunden mit ihr allein! — da mußten sich doch einige Minuten darunter finden, wo sie vernünftig mit einander sprechen würden — und schließlich hing es ja nur von ihm ab; wenn er wollte, konnte diese Zusammenkunft ja ganz harmlos

verlaufen, ganz harmlos, — das ging ja mit ein bißchen Willenskraft.
»Gut« sagte er, »meinetwegen, ich komme also Sonntag!«
»Wirklich?« sie jubelte auf, dann nach einer Pause:
»Du — der Herr Poldl spioniert mir jetzt immer nach, wohin ich geh!« Paul sah sie an, ein Verdacht stieg in ihm auf; er faßte sie bei der Hand:
»Du hast was mit ihm!«
Sie lachte.
»Aber geh!« Sie machte sich los von ihm, »red' nit so dumm, — ich wer' mit *dem* was anfangen, — mit so an Buben! Da müßt ich doch« — — — sie unterbrach sich erschrocken: — »um Gottes Willen, jetzt schlagt's, neune, und ich steh' da unten, — adje« — sie sah sich um, niemand war zu sehen, — sie hob sich auf den Zehenspitzen und küßte ihn: »Also Sonntag!« Dann lief sie davon, und Paul sah noch, wie sie im Haustore mit einem Herrn zusammenstieß und mit einem »Küßdiehand Gnäherr« zurückprallte.
Dann ging auch er.
»Mit so an Buben!« er sagte es leise vor sich hin und suchte den verächtlichen Tonfall nachzuahmen.
»Mit so an Buben!« Das bewies noch nichts; damit hatte wahrscheinlich auch das hübsche Mädchen, das bei ihnen diente, als Paul vierzehn oder fünfzehn Jahre alt war, ihren eifersüchtigen Liebhaber beruhigt, und dennoch — — — ! Paul schnalzte unmutig mit der Zunge; war *das* der ganze Erfolg dieser Unterredung gewesen? Ja doch; — er wußte jetzt, daß es dunkles Haar gehabt hatte, nicht blondes, — der Kellner war blond gewesen.
Und selbst wenn sie log, oder sich irrte, wenn es blond gewesen war! —

Nun ja! man hatte ihm ja doch oft erzählt, daß erst von seinem sechsten Jahre an sein Haar dunkler zu werden begann! Die Farbe des Haares! — Würde er übermorgen von Juli viel mehr erfahren; wußte sie mehr als das? war dieses Rendezvous nicht vielleicht zwecklos? Vielleicht zwecklos! Aber zumindest wußte er dann, daß er alles getan habe, um so viel als möglich zu erfahren, und das würde ihn beruhigen! Paul erschrak über das Wort: »Beruhigen!« er war doch nicht *unruhig*! Nein, gewiß nicht unruhig, nur neugierig, — sehr neugierig!

V.

Den nächsten Tag lag unerträgliche Schwüle über der Stadt. Durch schmale Seitengäßchen, auf Umwegen, nur um den Ring, der menschenleer in glühender Sonne dalag, zu vermeiden, ging Paul gegen den Stefanskeller zu. Dort unten hoffte er ein bißchen Kühle zu finden. Es war zwei Uhr; der Ansturm der Gäste war vorüber und Paul fand leicht ein Tischchen in einem leeren Winkel. Er fühlte keinen rechten Hunger, und kostete kaum von den Speisen; erst als der schwarze Kaffee und Zigaretten kamen, wich die schmerzende Mattigkeit, die Paul in den Gliedern lag, — einer weichen schlafseligen Müde. Er überlegte sein Programm für den Rest des Tages. Am Abend, wenn es kühler wurde, in den Prater, — und bis dahin? — das Klügste wäre es, die quälende Hitze zu verschlafen. Der Zahlkellner kam; schleppend, mit Pausen, als wäre schwere Gedankenarbeit inzwischen zu verrichten, sagte ihm Paul an; dann zahlte er und ging. Die Treppe erschien ihm steiler als je, und als er oben auf der Straße stand, dachte er mit vorempfundenem Unbehagen an seine Wohnung, die im zweiten Stocke lag, an die schmalen, dumpfen, dunsterfüllten Gäßchen, die er nun zurückwandern müsse. Und der Straßenlärm würde ihn in seiner Wohnung nicht schlafen lassen, irgend ein Besuch würde ihn stören — — —. Es fiel ihm ein, daß er ja nur einige Schritte zum Heiligenkreuzerhof habe; dort hatte er Ruhe vor dem Straßenlärm und vor Besuchen. Langsam zögernd, als täte es ihm leid den Schatten zu verlassen, schritt er die Rückseite der Kirche entlang; aus den Mauersteinen hauchte ihn erfrischende, feuchte Kühle an; dann wieder — wie er um die Ecke bog — stechende Sonne. Schläfrig lehnten Obstverkäuferinnen an dem Torbogen des Durchhauses, das er passieren mußte, und Paul kaufte einige Bündel blaßroter Kirschen; noch ein zweites Durchhaus, — und er trat in das schmale Gäßchen, das zum Heiligenkreuzerhofe führte.

Mit jedem Schritte merkte er, wie der rasselnde Lärm von der Rothenthurmstraße herüber gedämpfter und verhallender klang, und es schien ihm, als übertöne ihn fast das laute Gurren eines Taubers, der auf einem Fenstersims, — knapp über dem steinernen Wappen des Tores, hin und her trippelte. Paul sah zu ihm hinauf. Wie hübsch die Krönung des Wappens war! Der pausbackige Engelskopf mit der schweren Bischofsmütze, die ihm ein so altkluges Aussehen verlieh!

»Küß die Hand, gnä' Herr!« ein feines Stimmchen sagte es; an der Mauer lehnte ein kleines, — vielleicht fünfjähriges Mädchen; jetzt erkannte er es auch, — das Kind des Hausmeisters. Die dünnen rachitisch verkrümmten Beinchen und der schmächtige, engbrüstige Leib trugen kaum den großen blassen Kopf, mit den strohgelb verwaschenen Haaren, die in einem dünnen Zöpfchen baumelten. Paul blieb stehen und sah die Kleine an: Ein kleines Stumpfnäschen, von dessen Flügeln tiefe Falten zu den schmalen blassen Lippen herabliefen, und wie sie jetzt die großen schweren Lider langsam hob und ihn anlächelte, lag in dem seltsam lichten Grau ihrer Augen ein hoffnungsloses Trauern, das ihn ergriff. Er erschrak fast darüber; woher ihm nur diese krankhafte Weichheit des Empfindens kam? Oder war es nur der zufällige Kontrast, der ihn überrascht hatte? Da — droben, über dem Haustore, in Stein gehauen, der pausbackige Engelskopf mit dem altklugen, ernst-epikuräischen Ausdruck in den Zügen, predigte ein »Sei fromm und genieße!« Auf dem Haupte die Bischofsmütze, blickte er unter ihr gravitätisch, satt und wunschlos hervor, als habe er sein Ziel erreicht, und gönne nun, mild abgeklärt den andern Glück und Segen. Und neben ihm ein blasses Kindergesicht mit der tiefen schmerzenden Sehnsucht nach Froh- und Gesundsein in den Augen und dem trostlosen wehen Verzicht um die traurig lächelnden Lippen!

Er gab ihr die Kirschen; sie nahm sie zögernd, dann kam die hastige Frage:

»Darf ich'n Franzl auch geben?«

»Ja!« er strich ihr über das Stirnhaar und die blaugeäderten Schläfen, aber er schämte sich gleich seiner Zärtlichkeit und wandte sich zur Stiege; er sah wie sie unbeholfen in die Ecke des Hofes lief, in der zwei Jungen mit kleinen Steinkugeln spielten, dann begann er die Treppe hinaufzusteigen.

Gerade als er die Klingel ziehen wollte, öffnete Frau Wagner die Türe; sie war im Begriffe hinunter zum Greißler, um die Milch für den Jausenkaffee, zu gehen und hielt den braunen irdenen Topf in der Hand. Als sie Paul sah, trat sie zurück und stellte den Topf wieder nieder, um mit ihm zu plaudern. Paul hatte, überdrüssig der »Stundenzimmer« in den Hotels, das Zimmer bei Frau Wagner als Absteigequartier gemietet, aber in den letzten Tagen war er öfters heraufgekommen, angeheimelt von der Lage, und der alten Frau selbst. Jetzt kannte er ihre Lebensgeschichte, sie selbst, ihren Sohn; er war ihnen so merkwürdig rasch vertraut geworden, daß er es fast bereute. Nach und nach hatte Frau Wagner, aus Sympathie für Paul, ihre besten Sachen in sein Zimmer gestellt; den Lehnstuhl ihres verstorbenen Mannes, den großen, aus Tausenden von Tuchflecken zusammengesetzten Teppich, den sie früher einmal verfertigt, als der Stiefbruder ihres Mannes, ein ehemaliger Tuchhändler, starb, und sie als einziges Erbe oben auf dem Boden seiner Wohnung unzählige Musterkollektionen von Tuchfleckchen fand; eine Tischdecke, die sie während einer langen Krankheit gehäkelt; über den steifbeinigen Mahagonischreibtisch hatte sie ihm eine Lithographie von Kriehuber gehängt, die den Stolz der Familie, ihren Großonkel, der es bis zum Obersten gebracht hatte, in voller Uniform darstellte. Die Uhr mit den Alabastersäulen, eine Biskuitbüste des Kaisers Franz, und rote goldbemalte Glasvasen, trug sie aus ihrem Zimmer in seines, um es ein bißchen auszuschmücken; aus einer alten Kommode, die mit Briefen und Erinnerungen gefüllt war, holte sie einen gestickten »Haussegen« und während sie ihn über seinem Bette aufnagelte, erzählte sie ihm unter Tränen, wie das die letzte Handarbeit ihrer Tochter gewesen, die als Braut starb.

Wenn Paul daran dachte, daß er dieses Zimmer, das mit Erinnerungen an eine ehrbare Bürgerfamilie gefüllt war, nur gemietet habe, damit es Dienste eines »Stundenzimmers« im Hotel versehe, kam er sich wie ein ganz und gar pietätloser Mensch vor; aber er beruhigte sein Gewissen mit dem Entschluß, hier herauf nicht die »bonnes fortunes« eines Tages mitzubringen; nur wenn es Liebe, große, wirkliche Liebe wäre, – und zumindest eine »anständige Frau« müßte es sein; er hätte sich sonst zu sehr schämen müssen vor Frau Wagner und auch ein wenig vor dem Großonkel-Oberst und dem gestickten Haussegen.

»Wie geht's denn dem Carletto?« fragte Paul.

»Fleißig sticken tut er, eine Zeitungsmappen«, und mit glücklich lächelndem Gesicht sah Frau Wagner durch das kleine Fensterchen, das in die Türe geschnitten war, ins Zimmer hinein. Carletto, — der Großonkel-Oberst, nach dem er hieß, war Jahre lang im Venetianischen in Garnison gelegen — das war ihr Sohn. Früher war er Schreiber bei Gericht gewesen; aber selbst diese Tätigkeit ermüdete den kleinen zarten, verwachsenen Körper zu sehr, und dann mochte er nicht unter all' den übermütigen jungen, und mürrischen alten Kollegen sitzen, die ihn — trotzdem er über dreißig war — noch immer als kleinen Buben behandelten, auf sein schmales, bartloses Gesicht hin, das die aschblonde Umrahmung des gescheitelten langen Haares noch jünger erscheinen ließ. »So viel wird er immer haben, daß er grad leben kann«, tröstete sich Frau Wagner, »und versichert bin ich auch«; und Carletto verdiente sich sein Taschengeld mit Stickerei, die er als Knabe gelernt, um sich die Zeit zu vertreiben in den vielen Wochen und Monaten, die er kränkelnd im Bette verbrachte.

»Eigentlich ist jetzt nur mehr in Pantoffeln ein G'schäft«, klagte Frau Wagner, »ganz aus der Mod'n is' er kommen der Kreuzelstich, alles ist jetzt stilvoll.« Sie öffnete die Türe in's Zimmer: »Carletto, der Herr Doktor«, rief sie hinein, dann nahm sie ihren Milchtopf unter die Schürze und ging.

Paul schritt durch's Zimmer; am Fenster auf einer erhöhten Stufe stand der Lehnstuhl, in dem Carletto mit hochhinaufgezogenen Beinen kauerte und stickte. Paul wechselte einige Worte mit ihm, versprach ihm ein »Buch zum Lesen« mitzubringen, bewunderte ein wenig die Handarbeit, dann ging er in sein Zimmer.

Er trat zum Fenster. Quer über den Hof, gegen das andere Tor zu, schritt eine schlanke Mädchengestalt. Der graziösnachlässig wiegende Gang fiel ihm auf; als er den einen Fensterflügel aufstieß, sah sie zu ihm herauf; sie lächelte leicht, als erkenne sie ihn wieder, dann wandte sie den Kopf und ging mit zögernden Schritten weiter; noch einmal, bevor sie in das Dunkel der Einfahrt trat, sah sie nach ihm zurück.

Woher kannte er sie doch nur? Es fiel ihm nicht ein. Er dachte nach; vergeblich! Aber er ertappte sich, wie er leise eine Melodie vor sich hinsummte, und im nächsten Augenblicke wußte er es: Vor einigen Wochen bei »Rheingold« auf der vierten Galerie der Oper, hatte er mit ihr gesprochen. Sie mußte wohl Konservatoristin sein; anfänglich hatte sie sich wenig um ihn gekümmert; dann aber, als Paul im Zwischenakte mit einem bekannten Musiker, den er oben traf, einige Worte wechselte, hörte sie sichtlich interessiert zu und ließ sich ohne viele Mühe in's Gespräch ziehen; als der andere sich empfahl, fixierte sie einen Augenblick lang Paul mit ihren großen dunklen Augen:

»Ich wußte nicht, daß Sie auch gescheit sind« — es klang wie Entschuldigung für das frühere Nichtbeachten seiner Blicke, und nach einer kurzen Pause: »ich hab' Sie früher für dumm gehalten, — weil Sie so hübsch sind!«

Unten setzte das Orchester ein; sie bot ihm an in ihrem Klavierauszug, den sie auf dem Schoße hielt, mitzulesen; er nahm es an, und sie duldete es, daß er einmal, beim Umblättern sich hinüberneigend, mit den Lippen ihre Wange wie zufällig streifte, und erwiderte den leichten Druck des Fußes, der den ihren suchte. Er hatte sicher darauf gerechnet, nach der Vorstellung mit ihr sprechen zu können, sie allenfalls nach Hause zu begleiten, — aber in der Garderobe tauchte unversehens eine Tante auf, die sie erwartete, und im Gedränge auf der Treppe, noch überdies von einem Bekannten aufgehalten, — verlor er sie aus den Augen. Schade! — sie war hübsch — nein, mehr als hübsch — fast schön; und er dachte an die schlanken, biegsamen Finger, die die Blätter damals umgewandt, und den trotzenden stolz-sinnlichen Zug um den Mund, als wollten die Lippen selbst küssen, nicht wartend und zagend dem Kusse nur entgegenbeben.

Schade! — — — übrigens sie wußte ja jetzt wo er wohnte; wenn ihr an ihm gelegen war, würde sie gewiß an einem der nächsten Tage, um dieselbe Stunde vorübergehen!

Er trat wiederum zum Fenster und sah hinunter. Drüben am anderen Ende die Sankt Bernards-Kapelle mit ihrem kleinen Türmchen im vollen Lichte der heißen Nachmittagssonne, hinter ihr die Türme der Jesuitenkirche, die in einen wolkenlosen Himmel emporragten, der fast nicht mehr Farbe, nur Klarheit war, und dann plötzlich, unvermittelt daneben, tiefer bläulicher Schatten, in dem der Rest des Hofes lag; an der Grenze — faul auf die Seite hingedehnt, den Kopf mit den blinzelnden Augen noch im Schatten, ein roter Kater, dessen Pelz kupfrig in der Sonne glänzte! — In der trägen Luft nur ein leichter Windhauch durch die Blätter der Bäume gleitend, die über die launig geschwungene Linie der Vorgartenmauer sich herüberneigten. Ein müdes Behagen überkam Paul. Eine stille, streichelnde Anmut war in dem Schatten des menschenleeren Hofes, in den weichen Formen der Barockvasen auf der Mauer, die Engel umflatterten, in all' dem verschlafenen Schweigen, mitten im Lärme der Stadt, der wie aus weiter Ferne hier verhallend starb. Schlafen! Er lag im Lehnstuhl, den er zum Fenster gerückt, und fühlte, wie ihm die Lider schwer wurden. Leise Musik stieg zu ihm auf: er horchte: Flöte und Geige!

Ah — die Bettelmusikanten unten in der Einfahrt, er kannte sie und ihr Repertoire. Seine Gedanken wurden unklar, verschwommen, und rankten sich arabeskenhaft um die Dinge da draußen. – Merkwürdig gut für einen Blinden, das Geigenspiel! und so zaghaft, bettelnd, entschuldigend; jetzt hatte die Flöte die Gesangstimme:»Wann's Mailüfterl weht, – – – « sehr hübsch war eigentlich die Melodie; und wie ihm die Augen langsam zufielen, streifte sein Blick noch die Engel drüben auf der Mauer.»Sehr hübsch!« es galt noch der Musik, aber er bezog es nun auch auf die Engel;»sehr hübsch!« wie kokett sie waren, diese Barockengel, nicht»himmlische Heerscharen«, – Amoretten des Himmels; und seine Gedanken glitten ab zu dem Engelskopf mit der Bischofsmütze, draußen über dem Wappen, ... und wieder weiter ... zu dem kleinen Mädchen – mit den blassen Wangen ... dem er die Kirschen gab, ... wie schmächtig der kleine Körper war, und der unförmlich große Kopf ... Wasserkopf ... und mitten im Halbschlaf fühlte Paul einen plötzlichen Ruck, als träte er mit nur für *eine* Stufe berechnetem Schritt *drei* Stufen hinab; er war wach; alle Schläfrigkeit war verflogen, und er saß wie erschreckt aufrecht im Lehnstuhl und fühlte das Klopfen des Blutes in den Fingerspitzen.»Wasserkopf«? wie war ihm nur jetzt das Wort eingefallen? Er wußte es nicht mehr, aber es klang ihm so bekannt, als hätte er es in den letzten Tagen öfters gehört; aber wo nur? in irgend einer Verbindung mit noch einem Worte war es gewesen, im Ohre lag ihm noch der Rhythmus – und suchend skandierte er ihn mit den Fingern auf der Armlehne des Stuhles. Plötzlich wußte er es:»Auszehrung und Wasserkopf«, – und in einem der Briefe stand es, die ihm Juli gegeben, als er von ihr erfuhr, daß ihr Kind gestorben sei. Er trug sie noch ungelesen bei sich, diese Briefe; er wußte nicht recht, was ihn abgehalten habe, – er war doch so neugierig, mehr zu wissen ... ...?

Er griff nach der Brieftasche; eng gefaltet, steckten die Briefe in ihr. Er nahm den einen. Altmodisches, dünnes Briefpapier mit feinen Linien in Wasserdruck, an den Rändern vergilbt, es lag wohl seit Jahren beim Krämer des Ortes; die Schrift, die ängstlich-steife Kalligraphie eines Schuljungen der höheren Klassen; diktiert also! Die ersten Zeilen mit verrosteter Feder und dickgewordener, eingetrockneter Tinte geschrieben, dann dünne, scharfe Striche, — frische Feder und Tinte; und bei der äußern Form der Briefe verweilte Paul zögernd, spielend, als scheue er vor dem Inhalte zurück. Er fühlte es unklar, und er entschuldigte es vor sich selber; die Hitze war es, die ihn zu faul zum Lesen machte, selbst hier im Schatten. Sorgfältig glättete er die Briefe, dann las er:

»Geehrtes Fräulein!

Ihren Brief haben wir erhalten und haben gesehen, daß Sie doch einmal auf Ihr Töchterlein denken; die Juli ist immer kränklich und hat uns schon viel Geld kost, und haben sehr viel Blage mit ihr und haben von Weihnachten an bis 22. Mai ein Licht gehabt wegen der Juli wenn sie keine gute Pflege hätte, so wäre sie vielleicht schon längst gestorben die Juli hat schon 4 Zähne, ist schon ziemlich gewachsen gehen kann sie noch nicht. Die Juli ist ein sehr hübsches Freundliches Mädchen, wenn Sie ihr besser helfen könnten.«

Die Seite war zu Ende; er blätterte um; die zweite Seite leer, — auf der dritten dann wieder die erneuerte Anrede:

»Liebes Fräulein!

Sie haben mir versprochen, daß ich jedes Monat eine Beilage bekomme ich hätte mir schon eine verdient aber weil Sie doch einmahl an Ihr liebes Töchterlein denken, so hoffe ich doch, Sie werden Ihner Wort nicht zurücknehmen. Wen es möglich ist, so kommen Sie selbst, es wird Ihnen nicht reuen. Es erfreut uns sehr, daß Sie uns einmahl geschrieben haben. Es folgen viele Grüsse von uns und Ihren lieben Töchterlein.«

Der Brief war zu Ende; kein Datum, keine Unterschrift. Nachdenklich sah Paul auf die weißen Blumen der graugestreiften Tapete. Also Juli hatte der Frau, die das Kind von der Findelanstalt zur Pflege erhielt, und von dieser gezahlt wurde, eine »Beilage« versprochen? Nun ja, — sie war ja die Mutter! Aber er hatte ja damals und noch lange nachher immer gezweifelt, ob es denn auch wirklich sein Kind sei. Seine Pflicht hatte er getan, indem er gleich bei Geburt des Kindes jene Summe hergab, die der Anstalt die Sorge für das Kind auferlegte. Ihn traf kein Verschulden, wenn die Pflegeeltern schlecht gewählt waren. Und überdies hatte er ja damals den Entschluß gefaßt, für das Kind besser zu sorgen, wenn es einmal älter wäre; wenn es ihm am Ende ähnlich sähe. Die paar Gulden monatlich hätte er leicht den Pflegeeltern schicken können, aber er wollte es damals nicht tun; nicht daß er den frühen Tod herbeigewünscht hätte, nur mehr tun als seine Pflicht wollte er nicht, bei diesem Kinde, dessen Vater vielleicht der blonde Kellner war; warum war sie denn damals mit dem auf den Maskenball gegangen? Sie allein traf die Schuld — nein auch sie nicht, niemanden — es gab hier keine Schuld. Hätten die paar Gulden monatlich es vor Krankheit bewahren können? Starben denn nur die Kinder der Armen? Bei der besten Pflege wäre es vielleicht auch ..... ja, wer sagte ihm denn, daß es nicht gut gepflegt worden war? Kannte er denn die Pflegeeltern? Vielleicht waren es sehr gewissenhafte, ehrliche Leute! Und fromm! Das Licht, von dem die Rede war, war wohl eine geweihte Kerze gewesen, – oder nur ein Nachtlicht? Gleichgültig übrigens! Wenn es auch nur ein Nachtlicht war, so bewies es ja, daß man es sich nicht hatte verdrießen lassen, selbst in der Nacht aufzustehen um das Kind zu pflegen! Und Paul griff nach dem zweiten Brief. Die erste Seite unbeschrieben; dann auf der zweiten:

»Liebe Mutter!

Ihr Töchterlein Juli ist gestern den 24. Mai um ½ 2 Uhr Nachmittag gestorben, und wurde Sonntag den 26. Mai begraben. Sie hatte eine schöne Leiche es gingen viele Begleiter mit zum Grabe, und wurde mit dem Rosenkranz Gebette für das Kind Ihr verstorbene Freundschaft begleittet, so daß Sie vor Freude hätten Weinen müssen über die Leichenbegleiter dieses Kindes es wurde ein schönes Hochamt während die Leiche in der Kirche verweilte nach der Kirche wurde sie in Friedhofe hinaufgetragen und ins Grab gelegt worden.« Die dritte Seite:

»Liebe Mutter!

Ich glaube wohl Sie werden es einsehen daß Sie von mir als Ihnwohner nicht verlangen werden alles zu leisten, da es doch Ihr Kind ist, und daß Sie auch einmal sterben müssen, und wen Sie eines guten Todes sterben die Juli auch Ihnen entgegenkommen wird und in Himmel begleiten wird; wir haben unsere Pflicht getan so gut als es in unseren Kräften stand.
Es folgt
ein herzlicher Gruß von Josef und Amalia Lackner an unser geliebte Freindin Juli Walker.« Und die letzte Seite:

»Liebe Mutter! Der lieben Juli ihr Krankheit war Auszehrung und Wasserkopf. Ich bitte Sie nochmahl, schicken Sie uns etwas, es ist schon dass letzte vergessen Sie nicht auf uns, wir werden Sie auch nicht vergessen.«

Zu Ende! Paul starrte den Brief an; wie häßlich die nackte Habgier durch die bäurische Bigotterie durchschlug; und die verzweifelte Angst der beiden Leute am Ende doch nichts zu erhalten! Widerliches Volk! Er mochte nicht mehr daran denken. Er wandte den Kopf zum Fenster; eine graue Flaumfeder schwebte in langsamer Spirale vom Dache herab; er sah ihr nach und beugte sich mit gedankenlosem Interesse nach vorne, um ihren Weg zu verfolgen. Noch immer das »Mailüfterl«, das sie da unten spielten; gewissenhafte Leute; sie schenkten sich keine Strophe! Im Nebenzimmer summte Frau Wagner mit ihrer zittrigen Stimme leise den Text; seltsam wehmütig klang das Lied in ihrem zahnlosen Mund; er horchte auf:

»Und die Veigerl'n die blühen
Auf's neu — jedes Jahr —
Und der Mensch lebt nur einmal,
und nacher — is gar!«

Er wollte mitpfeifen, aber die Lippen waren trocken; kopfwiegend versuchte er leise in den Gesang mit einzustimmen: »Und die Veigerln die blühen — auf's neu«, — aber er kam nicht weiter; er fühlte wie es ihm den Atem versetzte und quellend in ihm aufstieg, und nun waren es keine Worte mehr, nur pfeifendes Atmen, das über seine Lippen kam, und erstickendes, wildes Schluchzen, daß er nach Luft rang, und endlich Tränen, die langsam, schwer über die Wangen liefen und leise auf dem Brief aufschlugen, den er noch in der Hand hielt. Er gab es auf, — dies Versteckenspielen vor sich selbst.

Sein Kind, sein Kind war das gewesen, das die Leute elend umkommen ließen, als sie sahen, daß es nichts zu erpressen gab. Wenn es schrie, weil es hungerte, oder weil es Schmerz empfand, hatten sie ihm ein branntweingetränktes Tuch in den Mund gesteckt, daß es schlafe. In Schmutz und Unrat war es in der Wiege gelegen, und keine Hand hatte es geliebkost, kein Mund ihm zärtliche, schmeichelnde Worte — wie sie nur Mütter erfinden — zugeflüstert, — 'daß es lächle. Er sah die enge, dumpfe Bauernstube, in der sie das Kind einsperrten, wenn sie zur Arbeit gingen. Da lag es dann, umsummt von großen Schmeißfliegen, die es quälten und ängstigten, allein, klagend, bis ihm die Stimme versagte, und zur niederen Decke starrten lichte, hilflose Kinderaugen empor, nichts wissend, nichts ahnend, den Tod nicht begreifend, — nur angstvoll fragend, wie die eines Tieres, das verendet! Nur die Katze, die faul verschlafen am Fenster lag und spann, hatte einen Augenblick lang, horchend den Kopf gehoben, als sich die kleine schmächtige Brust in letzten, schweren Atemzügen röchelnd hob, und auf der blassen Stirne, an der die schwarzen Härchen im kalten Todesschweiße klebten, und auf den halboffenen brechenden Augen, sammelten sich schon dicke grüngoldene Fliegen, die sich putzten.

Sein Kind!

Er wußte es jetzt, daß es das seine war; gleichgültig, ohne Interesse für das Kind hatte er durch fast zwei Jahre gelebt, und nur selten, flüchtig daran gedacht. Und jetzt, da es tot war, wachte in ihm Schmerz und Mitleid auf, als hätte er es lange, heiß und innig geliebt. Er dachte an seine eigene Kindheit zurück; an sein kleines Gitterbettchen, an dem die Mutter saß und ihm das Nachtgebet vorsprach; dann mußte sie noch bei ihm bleiben und seine Hand festhalten — bis er einschlief; und im Halbschlaf hörte er das leise Gleiten des grüngenetzten

Gitters, das man aufzog. Und die sanften braunen Augen seiner Mutter sah er, wie sie in angstvoller Liebe auf ihn gerichtet waren, in langen Nächten, die sie an seinem Krankenbette durchwachte. Wie anders! wie anders! Eine Sehnsucht überkam ihn nach ihr! Wenn sie jetzt da wäre — er würde ihr alles — alles sagen. Vielleicht wäre es besser gewesen, es damals zu tun; sie hätte ja auch das Kind geliebt, weil es seines war. Er hatte keine Geschwister; er war der »Einzige«. Wenn ein Krieg ausbrach und man ihn zusammenschoß, wenn er krank wurde, wenn er starb, — was blieb seinen Eltern? Und er hatte geglaubt ihnen Kummer zu ersparen, wenn er alles verheimliche? Oh! er war nicht nur schlecht gewesen, auch dumm!

Er stand auf; er meinte der schwere, beklemmende Druck gegen die Kehle würde weichen, wenn er auf und ab ginge. Er trat zum Tisch, auf dem ein Strauß blauen Flieders im Glase stand. Er tauchte sein Taschentuch in das Wasser und kühlte die brennenden Augen; dann neigte er sich und sog langsam den Duft ein. Nicht mehr daran denken! Vergessen! er nahm es sich vor. Er sah auf die Uhr; dreiviertel fünf; er wollte nach Hause gehen und dann in den Prater; die Stille ängstigte ihn. Er ging. Im Nebenzimmer sah er Frau Wagner auf dem Sofa sitzen; sie winkte ihm zu, leise aufzutreten. Neben ihr lag Carletto, schlafend, den Kopf in ihrem Schoße, und sie horchte befriedigt auf seine tiefen ruhigen Atemzüge: »So gut schlaft er«, flüsterte sie Paul zu, und auf ihrem Gesicht lag so viel Glück und Zärtlichkeit, daß Paul fühlte, wie ihm von neuem die Augen feucht wurden.

»Nicht d'ran denken!« er wiederholte es sich, und schritt leise durch's Zimmer, die Treppe hinab; auf der untersten Stufe saß das kleine blasse Mädchen und spielte mit ihrer Puppe.

»Küß die Hand, gnä' Herr!« Er nickte nur mit dem Kopf und schritt vorüber. »Nicht d'ran denken, vergessen!«

VI.

Es war dunkel; nur durch einige schlecht schließende Brettchen der Jalousien fiel das flackernde Licht der Straßenlaterne und zeichnete Lichtstreifen an die Decke und die Wände des schmalen Zimmers. Paul lag mit offenen Augen da und begann langsam die Umrisse der Möbel zu unterscheiden; die glänzenden Schlösser der Kommode, und auf ihr Kleider auf einen Haufen geworfen; an der Fensterschnalle ein Unterrock, dort, in welliger Linie, vom Sessel zur Erde gleitend, das Mieder, und der lichte Fleck auf dem Boden, nahe am Bett, sein Hemd, das er in der Schwüle der Juninacht abgestreift hatte. Er tastete mit der linken Hand nach den Zündhölzchen, die auf dem Nachtkästchen standen, aber er erreichte sie nicht; er hätte seine Lage verändern müssen und Juli wecken, die, geschmiegt in seinen ausgestreckten rechten Arm, eingeschlafen war. Der Knopf, der ihr Hemd an der Schulter schloß, drückte sich schmerzend in seinen Arm ein; vorsichtig, um sie nicht zu wecken, öffnete er das Hemd und zerrte langsam daran, bis es von ihrer Schulter glitt; sie erwachte nicht, aber im Schlafe ein wenig beunruhigt wandte sie sich zur Seite. Wie einen glühenden Ball fühlte er jetzt ihre Brust an der seinen, leicht zitternd bei jedem seiner Atemzüge, und aus ihren halb offenen Lippen strich ihr heißer, sengender Atem ihm über Hals und Wange. Wie ruhig sie schlief! Er fühlte den ruhigen, gleichmäßig starken Schlag ihres Herzens; nichts von Unruhe und Zweifel und Reue war in ihr gewesen, als er mit ihr von dem Kinde sprach; nur inniger, zärtlicher schienen ihm ihre Liebkosungen heute als sonst. Vielleicht fühlte sie es, daß mit dem Tode des Kindes das Band zwischen ihnen zerriß, und war ihm nun dankbar, daß er wieder zurückgekehrt. War er es wirklich? Waren jemals mehr von ihm bei ihr gewesen als sein Leib und seine Sinne, war nicht alles andere in ihm, das Gute und das Beste, nicht weit weg von ihr, — heute — wie immer? Was hatten sie mit einander denn gemein gehabt, er und sie in all der Zeit, da sie sich kannten? Ein heißes rasches Aufwallen des Blutes und ein wollüstiges Schaudern! Unzählige Male hatte er es sich gesagt, — es war so selbstverständlich — aber heute lag darin — er fühlte es — eine Abwehr gegen die Zärtlichkeit, die er jetzt für sie empfand, und die ihn erschreckte. Gleichgültig erst, und dann lästig, und fast widerlich war sie ihm geworden, und er hatte aufgejubelt, als ihn der Tod des Kindes von ihr befreite und jetzt fühlte er, wie aus seinen spät erwachten Gefühlen für das Kind, die nun nichts mehr fanden, an das sie sich hätten schmiegen können, ein wenig traurige, sehnsüchtige Zärtlichkeit auf sie selbst überströmte. Seit gestern war so viel Wundes und Einsames in ihm, daß ihr kindisch-dummes Liebkosen ihm wohl tat, und für die tierisch-naive Sinnlichkeit, die sie ihm zeigte, war er ihr dankbar, als wäre es Liebe, echte, wahre Liebe!

Wahre Liebe!

Und wer sagte ihm, daß es nicht gerade die sei? Andere, die ihn vor ihr geliebt, waren empfindsamer, sensitiver gewesen, aber ihr Gefühl zersplitterte. Der Dichter konnte sie rühren mit seinen Versen, der Maler sie mit einem Bilde erschüttern, Musik entlockte ihnen Tränen und ließ leichte wollüstige Schauer über ihren Nacken gleiten; aber der Kleinen in seinem Arm war er alles. Was in ihr sonst schlief an warmem, tiefem, sehnsüchtigem Empfinden, das gab sie ihm ungeteilt in ihrer Umarmung. Er preßte sie an sich. Dieselbe feste Fülle ihrer scheinbar schlanken Formen wie vorher; spurlos, wie an ihrem inneren Empfinden, war auch an ihrem Leibe die Mutterschaft vorübergegangen.-

Da, — in ihrem Schoße hatte sie es doch getragen, gefühlt, wie es in ihr wach wurde und wuchs — und reifte, etwas anderes als sie, und doch nur ein Teil von ihr — und was für ihn nur Worte waren, die klangen — sie mußte es ja mit ihren Augen gesehen, mit ihren Händen getastet, mit jedem Nerv ihres Leibes, der sich in Wehen zerrte und wand, empfunden haben, — daß es Fleisch von ihrem Fleische, Blut von ihrem Blute war. Und sie lag da und schlief. Warum konnte denn *er* nicht darüber hinweg — wie *sie*?

Er wollte sich klar werden darüber; was empfand er denn eigentlich? Liebe war es doch nicht zu diesem Kinde, das er nie gesehen, nicht gekannt. Nur Mitleid, das nun zu nichts mehr nutz war, nur Mitleid, und noch eines — Schuldbewußtsein. Seit seinen Kinderjahren hatte er es nicht mehr gekannt, und jetzt war es wieder da, übermächtig und ihn zu Boden werfend. Doppelt hatte er gesündigt: Als er es in die Welt gesetzt — und dann, als er es hilflos, elend, umkommen ließ; und er sah es wieder, leidend, sterbend, wie er es gestern gesehen, und er wußte, daß dieser Gedanke ihn fort und fort quälen würde; seit gestern war er in ihm gewachsen, zur fixen Idee geworden, die alles andere in ihm verdrängte. Und sie lag da und schlief!

Er schrak zusammen; von ihrem Halse war es schlangenhaft glatt und kühl auf seine Brust geglitten — doch im nächsten Momente fühlte er auch, daß es das dünne Goldkettchen war, das sie nie ablegte, und an dem das schmale Kreuz hing, das er ihr geschenkt. Er hielt es in der Hand; und mit einem

Male wußte er es nun, warum sie nicht litt — wie er. Wenn in ihr etwas aufgedämmert war, wie Schuldbewußtsein, wenn sie sich sündig fühlte, — war sie in die Kirche getreten und ihr kindisch-verworrenes Empfinden hatte sie ausgeschüttet vor dem Heiland am Kreuze; dem Mittler zwischen ihr und ihrem Gotte hatte sie im Beichtstuhle ihre reuige Selbstanklage anvertraut. Und wenn dann durch weihrauch-duftende Gitterstäbe feierlich geflüsterte Worte zu ihr drangen, die sie lossprachen von ihren Sünden, — war sie aufgestanden, neugestärkt, in froher Zuversicht, daß *er* »das Lamm Gottes, welches hinwegnimmt die Sünden der Welt«, auch ihre Schuld von ihr genommen habe.

Beneidenswert!

Wenn er beten, glauben könnte, wie sie!

Und er dachte daran, daß es eine Zeit gegeben, wo auch er es konnte; als Kind, wenn er nach den feierlichen Worten des Nachtgebetes noch seine eigenen kindischen Wünsche flüsterte, und mit gefalteten Händen den lieben Gott bat, er möge es doch fügen, daß er zum Geburtstage ein Gewehr bekäme, und daß er morgen seine Lektion auswendig wisse, auch ohne sie gelernt zu haben.

Wie schön das gewesen war! Jemanden da droben zu haben, der für einen sorgte, der milder war als das eigene Empfinden, der Zweifel und Reue von einem nahm, zu dem man schreien konnte in seiner Not, und der alles, was weh' in uns war, linderte und heilte!

Freilich, ein Heilmittel wie die meisten; es half nur, wenn man daran glaubte.

Wenn es ihm wieder gelänge, die Andacht, die Inbrunst des Gebetes zu finden, wie früher einmal!

Er hatte ja nie geleugnet, nur gezweifelt, und war nicht *Zweifeln* auch ein Glauben, zumindest ein Glaubenwollen an

Ihn, ein Suchen nach *Ihn*, ein Drang, *Ihn* zu finden, der tieferem Fühlen entsprang, als der ruhig-naive Kinderglauben? Er sann nach; wenn Blumenduft, der uns flüchtig streifte, im Stande war, uns eine Szene, die wir erlebt, in's Gedächtnis zu rufen, in uns die ganze Stimmung jenes Erlebnisses wieder zu wecken, – warum sollte es denn nicht möglich sein, mit den Worten des Gebetes auch die verlorene Andacht wieder zu finden, wenn man es nur ernstlich wollte, und war nicht die Sehnsucht, zu *glauben*, der erste große Schritt zum Glauben selbst?

Einzelne Worte, dann ganze Sätze eines Kindergebetes fielen ihm ein; hie und da fehlte im Rhythmus noch ein verbindendes Wort, und er dachte nach bis er das richtige fand und den ganzen Wortlaut des Gebetes hatte. Er wollte die Hände falten, wie er es als Kind getan; aber Juli wäre erwacht, wenn er es versucht hätte, den Arm unter ihr wegzuziehen; er legte nur die linke Hand auf seine Brust. Dann schloß er die Augen und sah in das violette Dunkel; ein zartes, gelbes Tapetenmuster glitt vor seinen Augen rasch nach unten, – unaufhörlich, wie von einer endlosen Rolle. Er begann leise die Worte des Gebetes vor sich hinzusprechen:

»Vater dort oben im Sternenzelt«,
»In süßem Schlummer ruht die Welt«,
»Du siehst auf – – «

Er brach ab; *so* würde die Andacht *nie* kommen, wenn er die Worte nur vor sich hin sprach, ohne irgend etwas zu empfinden, ohne Vorstellungen damit zu verbinden; er begann von neuem. Aber er brachte es nur dazu, die Worte des Gebetes in Druckbuchstaben vor sich zu sehen, mit großen verschlungenen Initialen; er ward ungeduldig, – so ging es nicht! Aus den Zügen des raffaelischen Gott-Vaters, den er nur unklar in Erinnerung hatte, und dem Moses des Philippe de Champaigne — vor kurzem erst hatte er bei einem Antiquar einen alten Stich danach gesehen — trug er sich ein Bild zusammen: Lange, wallende Locken, ein mächtiger Bart und ernste, milde Augen; daran wollte er denken bei den Worten: »Vater dort oben!« — »Im Sternenzelt«? über die Worte mußte man hinweggleiten, das war nur ein poetischer Vergleich, — »in süßem Schlummer ruht die Welt« …. »die Welt, die Welt!«, als ob es so leicht wäre, sich das vorzustellen, und Paul wiederholte die Worte, und suchte nach etwas Ruhigem, Friedlichem, an das er denken könne bei diesem »in *süßem Schlummer* ruht die Welt«, — und er fand es endlich: Blaue Mondnacht, über schmalen giebligen Dächern einer kleinen Stadt, glitzernde Fensterscheiben und phantastische Wasserspeier — — und das alles mit den großen Licht- und Schatteffekten einer Zeichnung Gustav Dorées.

Er war zufrieden; wenn er nur bei den ersten Zeilen des Gebetes in Stimmung kam, — — dann würde es schon leichter gehen.

Und Paul begann von neuem; aber er flüsterte die Worte nicht mehr, halblaut kam es über seine Lippen, in hastigem Eifer, der ihm den Atem versetzte, in Ungeduld nach der Andacht, die ihn überkommen sollte:

»Vater dort oben im Sternenzelt«,
»In süßem Schlummer ruht die Welt«,
»Du siehst auf uns, Dein Auge wacht«,
»Für alle Menschen in stiller Nacht«.
»Vater und — — — «

Aber während er es sprach, mußte er hinhorchen auf das Klirren von Schlüsseln und das Gähnen des Haustores, das man öffnete und schloß; offenbar auch ein zärtliches Paar, das der Hausknecht hinausließ.

Paul empfand Ärger, daß er sich so leicht ablenken ließ, und im Bestreben wieder an den Gedankengang des Gebetes anzuknüpfen, wiederholte er: »Für *alle Menschen* in stiller Nacht, — für *alle* Menschen«, für den Hausknecht da unten auch, sagte er sich, und er fühlte eine Art von Befriedigung, — als wäre es ein besonders frommes und verdienstvolles Werk — daß er diesen Hausknecht, den er gar nicht kannte, in sein andächtiges Gebet mit einschloß.

»Vater und Mutter behüte Du«
»Und stärke sie durch sanfte Ruh'«
»Damit wenn — — — «

Er sprach die Worte vor sich hin, aber er faßte sie kaum.

Er hörte das ferne Rollen eines Wagens, das leise Ticken seiner Uhr auf dem Nachtkästchen, er fühlte wie ein Roßhaar der Matratze durch das Leintuch hindurchstach und während er in fieberhaftem Eifer das Gebet sprach, und nach Sammlung rang, flossen seine Gedanken immer wieder auseinander, und er merkte es, wie er auf die Andacht, die Erbauung, die sich übermächtig auf ihn herabsenken sollte, lauerte, als ließe sie sich mit List oder Gewalt erzwingen. — Und er gab es auf!

Das sollte ihm Trost bringen? Worte, an denen er — noch während er sie sprach — Kritik übte, zu denen seine Phantasie mühsam lebende Bilder stellen mußte, nur damit sie ihm mehr wären als bloßer Schall?

Er öffnete die Augen; an der Mauer, an der das Bett stand, schienen leuchtende Linien sich zu bewegen; er sah genauer hin; er unterschied Striche, dann phosphoreszierende Buchstabenfragmente, und ein lichter Rauch ging von ihnen aus. Einige Stunden vorher hatte hier wohl ein anderes Paar mit Zündhölzchen ihre Namen leuchtend an die Wand gekritzelt.

Das ganze Widerliche dieser Rendezvous in Hotelzimmern kam ihm auf's neue zum Bewußtsein. All' die naiven Schamlosigkeiten und dumm angebrachten Prüderien, die ihn jedesmal von neuem enervierten. Die stereotype Bitte, wegzusehen, wenn sie ihr Mieder öffnete, und dann wieder, wenn sie die Strumpfbänder mit Metallschnallen abstreifte, die Erklärung, um die er sie gar nicht gefragt: »Weißt, daß ich Dich nicht kratz' damit.«

Wie froh hatte er vor einigen Wochen aufgejubelt, als ihn der Tod des Kindes von ihr frei machte! Und nun war er freiwillig wieder zurückgekehrt, und er fühlte, wie er milder und nachsichtiger gegen Juli wurde.

Er würde wiederkommen, wieder an Straßenecken warten, wieder unorthographische Briefe erhalten, von Hotelstubenmädchen vertraulich angelächelt werden, das trostlos langweilige Geplauder Julis anhören, sich langsam abstumpfend gegen alles, was ihm störend an ihr erschien, und der Tod des Kindes würde die Fäden, die die Gewohnheit spann, nicht zerrissen, — nur *noch mehr* gefestigt haben!

Das Kind!

Unzählige kamen darüber hinweg, — warum *er* nicht? Warum litt er unter dem Gedanken, wenn er sich auch immer und immer wieder sagte, daß es lächerlich, daß es überspannt sei? — Und wenn er mehr davon wüßte — — würde das etwas an seinem Empfinden ändern?

Vielleicht, — wenn er jemals seine Züge gesehen, wenn er die Leute gekannt hätte, die es pflegten, wäre er ruhiger gewesen. Mit der Zeit wären die Bilder verblaßt, die Erinnerungen verschwommen, und er hätte wieder Ruhe gefunden. *Hier* aber war nichts, was feste Umrisse hatte; freier Spielraum war seiner quälenden Phantasie gelassen, die immer neu erfinden konnte; die das eine Mal für das leidende Kind die traurigen

Augen des blassen Hausmeister-Kindes entlehnte, und ein andermal, wenn er an den kleinen Leichnam dachte, ihn an den gedunsenen Körper, die unheimlichen, äffisch-greisenhaften Züge eines Neugeborenen erinnerte, das er vor Jahren, in der ängstigenden Stille eines schwülen Sommernachmittages in einem Museum anatomischer Präparate sah.

Eines wollte er noch versuchen.

Er wollte die Pflegeeltern kennen lernen, mit ihnen sprechen, — vielleicht waren es brave ehrliche Leute, die nicht dem Zerrbild glichen, das seine Phantasie sich von ihnen ausgemalt, und dann: das Grab wollte er sehen. Und wenn er dann in dem kleinen Dorffriedhof am Grabe seines Kindes stehen würde, ... vielleicht könnte er dann von Herzen wieder weinen, nicht mehr in schmerzender Reue wie gestern, sondern in stiller, fügsamer Trauer.

Ihm war als sähe er den kleinen Dorffriedhof: an der Berglehne, neben der Kirche. Inmitten verfallener verwitterter Grabsteine, die das Moos deckten, ein kleines Grab, zu dem ihn der Küster führte; ringsum üppig wuchernde bunte duftende Feldblumen, an denen Schmetterlinge hingen, und von fernher, verhallender Glockenklang!

Jetzt, wo er nur daran *dachte*, fühlte er, wie er ruhiger wurde, und es schien ihm, als würde es ihm dann leichter werden, mit ihr zu brechen, oder nein, nicht »brechen«, das Verhältnis zu *lösen*; er würde nunmehr milde abgeklärte Teilnahme für sie empfinden, gleich weit entfernt von dem früheren Widerwillen und der dummen neuerwachten Zärtlichkeit von heute.

Er zog vorsichtig den Arm unter ihr hervor und zündete die Kerze an; sie erwachte und dehnte sich schlaftrunken: »Wie spät is' denn?«

»Halb drei!«

Sie fuhr erschreckt auf; das Hemd glitt völlig herab, und im Bette kniend zog sie die Nadeln aus ihrem Haar, warf den Kopf in den Nacken, schüttelte ihn, daß die aschblonden Flechten herabfielen, und begann mit dem Kamm, den Paul ihr reichte, ihr Haar in Ordnung zu bringen.

Er stand vor ihr und sah nachdenklich auf die kleine dünnknochige Gestalt, deren Formfülle man unter den Kleidern kaum vermutet hätte. Sie bemerkte seinen Blick: »Gelt, man sieht mir gar nichts an, daß ich a Kind g'habt hab!« und sie strich sich zufrieden über ihren Leib: »Ka Mensch kann mir was nachsagen!«

Er lächelte: »Nein, und dann sehen Dich doch die Leute überhaupt nicht so!« Sie wurde rot: »No natürlich, — ich hab nur g'meint, wenn ich amal heirat'!«

Er begann Toilette zu machen. Sie plauderte währenddessen ununterbrochen; Dinge, die ihn nicht interessierten und auf die er kaum hinhorchte, nur manchmal durch eine Frage zur Antwort gezwungen. Von der Ohrfeige, die der »Herr Poldi« neulich erhalten, weil sein Papa darauf kam, daß er Schulden habe, vom Klavierlehrer, der ihr den Hof mache und ihr Sitze in die Oper antrage, vom Doktor, der jede Woche komme, und sie, wenn sie ihm den Rock ausziehen helfe, immer küssen wolle, — »und neulich, wie er da war, hat mi die Gnäfrau hineinrufen lassen, weil ich ihr g'sagt hab', daß ich schon a paar Tag nicht schlafen kann und Kopfweh hab, und, so hat er mich alles Mögliche g'fragt, und dann hat er g'lacht und zur gnädigen Frau g'sagt, ich sollt' heiraten, und die Gnädige hat .... « sie unterbrach sich und sah zu Paul hinüber: »Du, a bißl Wasser laß mir auch noch übrig!« —

Sie begann sich anzukleiden; er lehnte an der Kommode und sah ihr zu. Als sie fertig war, setzte sie den Hut auf und trat zu ihm; sie hob sich auf den Zehenspitzen, und die Arme um seinen Hals schlingend: »Pussi?!« Er neigte sich zu ihr und küßte sie leicht auf den Mund; er dachte kaum an sie; seine Gedanken waren weit draußen in dem kleinen Dorfe, das er morgen sehen sollte.

Juli sah sich nochmals um, ob sie nichts vergessen habe; ihr Blick traf das Bett; sie richtete die Polster ein wenig zurecht und breitete die Decke darüber: »Es is' a Schand, wie's ausschaut« sagte sie lächelnd zu Paul gewandt, der zur Türe schritt.

»Wart noch ein bissel!« Sie trat ganz nahe an ihn heran, hob den Schleier und sah zu ihm auf: »Sieht man mir was an, — bin ich stark eingefallen?« Er beruhigte sie: »Nein, — gar nicht!« Dann sperrte er die Türe auf und schob den Riegel zurück.

Sie schritten die schlecht beleuchtete Treppe hinab; unten in der Einfahrt klopfte Paul an das kleine Fensterchen, das in der Türe zum Schankzimmer angebracht war, und Juli hing sich in seinen Arm. Sie drückte den Kopf an seine Schulter:

»Wann seh' ich Dich wieder?«

»Ich schreib' Dir.«

Der Hausknecht kam, notdürftig bekleidet, ein Kerzenstümpfchen in der Hand, und als er gähnend das Schlüsselloch suchte, schlug Bierdunst und Rauchgeruch Paul in's Gesicht. Sein Blick streifte ihn: Ein rotes knolliges Gesicht, mit rotblondem, überhängendem Schnauzbart und brutalen wulstigen Lippen. Endlich öffnete er; sie traten auf die Straße, und nun erst fühlten sie, wie müde und schläfrig sie waren, und trotz der warmen Juninacht empfand Paul ein leichtes Frösteln. Er sah nach oben; der Himmel war licht und wolkenlos, — schönes Wetter würde er morgen zur Reise haben.

Er hörte den Schlüssel ächzend sich im Schlosse drehen und die schlürfenden Schritte des Hausknechtes, die verhallten; es fiel ihm ein: *den* hatte er auch vorhin in sein Gebet miteingeschlossen!

VII.

Der letzte Wagen des Zuges verschwand hinter dem schmalen Saume des Jungwalds, der sich am Abhang des Hügels hinzog, und schwer geballte graue Rauchwolken lagerten sich träge in die Wipfel der Bäume, die kein Windhauch bewegte. Nur die großen, hochstengligen Sonnenblumen beim Häuschen des Bahnwärters neigten sich schwankend vom Luftstrom des Zuges, der vorübergebraust, getroffen, und durch die stumme Schwüle zitterte der weinerlich summende Ton der Telegraphendrähte. Paul sah sich um; kein Stationsgebäude, nur ein Wächterhäuschen. Drüben, hinter Kornfeldern, ragte aus einer Einsenkung ein zwiebliger Kirchturm zwischen roten Dächern hervor — das Dorf.

Er wandte sich zum Bahnwärter, der auf der Bank vor dem Häuschen saß und seine Pfeife stopfte:

»Wie weit hab' ich denn in's Dorf — — bitte?«

Der Mann stand auf und rief gegen das Gärtchen hin, wo zwischen großen Kraut- und Kohlköpfen eine Frau jätend am Boden hockte:

»Mutter, wie weit is' denn hinunter in'n Ort?«

Eine noch junge, hochaufgeschossene, magere Frau kam langsam die Böschung herab; auf dem Arme trug sie ein Kind von wenigen Monaten, und hinter ihr ging ein kleiner Junge, eine Gerte in der Hand. Erst als sie unten auf dem Bahnkörper stand, gab sie Antwort: »Eine gute Viertelstunde is zum Gehen«, dann nach einer Pause, stockend: »Will der Herr zu jemandem im Ort? Ich geb' Ihm den Buben mit, daß er ihn hinführt!«

Paul zögerte, dann fragte er kurz entschlossen: »Ich möchte zu einem Herrn – – « er brach ab, – »wohnt hier im Ort ein gewisser Lackner – – Josef Lackner?«

»Der Herr will zum Lackner!« Die Frau wandte den Kopf lächelnd zu ihrem Manne hinüber, »der wohnt nicht mehr da!« Und jetzt mischte sich auch der Mann in's Gespräch: »Vorige Woche is er mit sei'm Weib wohin nach Ungarn weggezogen, sie hat Verwandte dort, – hier is ihnen schlecht gangen.«

»Nach Ungarn!« Paul sprach es mechanisch nach, dann fragte er nochmals: »Josef Lackner, – sie heißt Amalie Lackner?«

»Das sein schon die«, sagte die Frau, und sie sah wieder zu ihrem Manne hinüber.

Paul war blaß geworden; er fing den Blick auf; ihm war, als müßten die Leute ahnen, wer er sei, weshalb er käme. Er sah auf die Uhr. »Wann geht der nächste Zug nach Wien zurück?« seine Stimme klang gleichgültig, gelangweilt.

»*Halten* tut erst der sechs Uhr fufzehn.«

Paul dankte, dann bog er in den Feldweg ein, der in die breite Chaussee mündete. Er schritt langsam dahin. Zu beiden Seiten des Weges reifende Kornfelder, und weiterhin wieder Felder und Felder, soweit das Auge reichte. Keine Arbeiter an den Wegen, kein Vogellaut, kein Rauschen in den Halmen des Korns oder in den verstaubten Blättern der Obstbäume, die die Straßen säumten. Eine eintönige graue Wolkendecke spannte sich über den Himmel, und nur an einer fadenscheinigen Stelle war ein mattes, lichtes Durchschimmern der Sonne. Zu der Stille des Feiertags die Mittagsstille und das Schweigen vor dem Regen.

Wozu er nur jetzt noch in's Dorf ging? Was hatte er da unten zu suchen? Um derentwillen er gekommen war, die traf er nicht mehr. Schlecht sei es ihnen gegangen, hatte der Mann vorhin gesagt; als ob er das nicht hätte früher wissen können; wem es gut ging, der nahm doch nicht gegen so geringes Entgelt die Mühe und Plage um einen fremden Säugling auf sich. Warum hatte die Frau denn gelächelt? Kam es öfters vor, daß irgend einer kam, um nachzusehen, wie es bei den Leuten zuging? Vielleicht waren es Unternehmer im Großen! Sie übernahmen die Kinder von der Anstalt, aber sie rechneten auf Zuschüsse von Seiten der Mutter, des Vaters, und wenn die ausblieben, erlosch auch für sie das Interesse an der Existenz des Kleinen. Vielleicht wäre es anders gekommen, wenn er ihnen monatlich nur zehn, — — nur fünf Gulden geschickt hätte, — — *fünf* Gulden! — Wie oft warf er nicht die hinaus an einem Abend, an dem er sich im Theater langweilte, — für eine Ballkarte, die er verfallen ließ!

Die Straße senkte sich; vor ihm lag in einer Niederung das Dorf, der Straße entlang gebaut, und da, — rechts am Wege, nur einige hundert Schritte vom Dorfeingang entfernt — der Friedhof.

Ein neuer Friedhof; kaum ein paar Jahre alt konnte er sein. Eine reinliche, buttergelb gestrichene Mauer umgab ihn, und als er eintrat, knirschte das eiserne Gitter auf weißem, gepflegtem Kies. Er blieb stehen und sah sich um. Schmale, geradlinige Wege, die sich in rechtem Winkel kreuzten, keine Bäume, nur zwei schmächtige Zypressen rechts und links vom Gittertor. Von den Gräbern nur wenige mit Grabsteinen geschmückt, fast auf allen dasselbe gußeiserne Kreuz. Kaum den vierten Teil des Raumes nahmen die Gräber ein, alles übrige war fette, kurzgeschorene Wiese, die noch frische Spuren der Sichel trug.

Paul schritt durch die Reihen: Wie sauber gepflegt das alles war! Die gelbe Mauer mit ihrem frischen Anstrich, der schwarze Lack der Grabkreuze, von dem sich die Vergoldung kräftig abhob, nirgends wucherndes Unkraut zwischen dem Efeu und Immergrün der Gräber, — nur die graufilzigen Blätter roter und weißer Levkojen, die in regelmäßigen Gruppen standen, erschienen wie verstaubt, — eine empörende Nachlässigkeit, inmitten der Reinlichkeit dieses Friedhofs, der für Paul etwas von der aufdringlichen, gewalttätigen Sauberkeit einer bäuerlichen Sonntagsstube hatte.

Er schauerte leicht zusammen; ein kalter Windstoß hatte ihn getroffen; die graue Wolkendecke war zerrissen, und er sah drüben über dem Dorfe eine große Wolke sich ballen, die schwerer und dunkler ward, wie sie der Wind gegen den Waldsaum trieb.

Als er wieder zu Boden sah, streifte sein Blick frisch aufgeworfene Gräber am Rande der Mauer; er trat näher. Vier Hügel; der eine größer, die anderen drei auffallend klein — Kindergräber; und in jedem stak an niederem Stiele ein kleines, ovales Holztäfelchen, das eine Ziffer trug.

Er sah sich um; daneben lagen ältere Gräber, aber auch sie trugen nur eine Ziffer, keinen Namen, — es war der Armenwinkel.

Große Regentropfen fielen langsam nieder und bohrten sich schwarz und tief in die lockere, braune, frischaufgeworfene Erde der Gräber, und zwischen kleinen Erdkrumen, die herabrollten, wand sich ein Regenwurm.

Welches war es? Denn eines der drei Kindergräber *mußte* es ja sein! Unten im Dorfe der Totengräber würde ja Auskunft geben können, — — aber wozu noch, — — wozu? Nun war ja auch das mißglückt; die Leute weggezogen, und der Friedhof sagte ihm nichts; nicht Friede, nicht Trauer ward in ihm wach; nur Unbehagen, und das würde nicht weichen, auch wenn er wüßte, welches der drei kleinen Gräber das seines Kindes sei. Er wandte sich zum Gehen; noch einmal sah er zurück und prägte sich die Ziffern auf den kleinen Tafeln ein; eine *Nummer* hatte man ihm gegeben, als es auf die Welt kam, und eine *Nummer* gab man ihm, als es starb — dazwischen lag sein Leben.

Er schloß das Gitter hinter sich und schritt gegen die Straße. Die Wolke war vorübergezogen, und der leichte Wind, der nun blies, wehte ihm nur ein paar zersprühte Tropfen in's Gesicht. Er schritt dem Dorfe zu; er fühlte erst jetzt, daß die zwei Stunden Schlaf, die er sich nachts gegönnt, zu wenig waren; seine Augen brannten, die Glieder schmerzten, und leichte Schläfrigkeit überkam ihn, die sein Empfinden dämpfte und in allgemeines, mattes Unbehagen verschwimmen ließ, was ihn sonst peinlich gequält hätte.

Eine Katze, die der Regen auf dem Felde überrascht, trabte mit hängendem Schweife an ihm vorbei, quer über die Straße. Vom Zaun eines kleinen Vorgartens schwang sie sich auf's niedere Dach des Hauses, und auf den roten Schindeln hingestreckt, begann sie eifrig ihren nassen schwarzbraunen Pelz zu putzen, der in der Sonne erglänzte.

Er schritt längs der Schattenseite der Straße.

Drüben im grellen Lichte lagen die niedern weißen Häuser, und das Ultramarinblau, mit dem der vorspringende Sockel fast aller getüncht war, tat den Augen weh. Wie ausgestorben schien das Dorf! Nur wie jetzt aus einer offenen Türe ein strohgelber, rasseloser Bauernköter kläffend auf ihn losfuhr, schob sich der weiße Vorhang eines Fensters zurück und zwischen roten geplatzten Nelken, die schwer überhingen, sah er eine Bäuerin, die ihrem Kinde die Brust gab.

In den kleinen Vorgärten standen hohe gelbrote Feuerlilien, und bis auf die Straße hinaus schlangen sich blaue Winden, zwischen den Latten der Zäune durch, an denen träge Schnekken hingen, die der Regen hervorgelockt. Er las die Schilder der Häuser halblaut ab, als müßte er mit dem Klange seiner Stimme die Gedanken scheuchen, die in ihm lagen. Der Schuster, — und dann kam der Hufschmied, und dann runde kleine Täfelchen irgend einer Versicherungsgesellschaft über den Türen der Häuser, — und dann ein ovales Schild mit einer heiligen Maria, die in Wolken saß — die Hebamme des Ortes, dann der Bäcker — und der Duft frischen Brotes vermischte sich mit dem beizenden Geruch des feuchten Straßenstaubes.

In der offenen Türe des Laden saß die Bäckersfrau, die Hände über dem hochschwangeren Leibe gefaltet, und sah schläfrig zu, wie ihre Knaben vor der Schwelle spielten; ein kleines barfüßiges Mädchen blickte mit Neid auf das Kaninchen herab, das die Knaben mit einem starken Zwirnsfaden am Hinterfuße gefesselt hielten; mit zurückgelegten Ohren, zur Erde geduckt saß es da, und knabberte an einem Kohlblatte.

Der Boden ward uneben, die Häuserreihe war auf der linken Seite unterbrochen, die Straße weitete sich zu einem Platze. An dem kleinen faulenden Ententeiche, der in der Mitte lag hockte eine Schar Kinder und suchte eine Flotte von Papierschiffen, die der Regen durchnäßt hatte wieder in Bewegung zu setzen. Sie bliesen aus vollen Backen und lenkten mit langen Strohhalmen; und so oft eines der Schiffchen, durchweicht, langsam die Form verlierend untersank, schrien sie alle erregt auf, und versuchten es mit dünnen Haselgerten aufzufischen.

Paul rief ein kleines Mädchen an, das, ihren kleinen Bruder auf dem Arm, auf den Stufen einer Dreifaltigkeitssäule saß, und den anderen zusah. Ob sie ihm den Weg zum Gemeindewirtshaus zeigen könne? »Ja!« — Er schenkte ihr ein paar Kreuzer, und sie lief vor ihm her, barfuß, den Staub der Straße aufwirbelnd. Zwischen den Feuermauern zweier Häuser war ein schmaler Durchgang gelassen; wie er vorüberschritt, stoben zwei auseinander: Ein halbwüchsiger Bursche und ein kaum zwölfjähriges Mädchen; als er sich nochmals umsah, stand das Mädchen auf der Straße; ihr Gesicht glühte, und mit frechverlegenem Lächeln hielt sie Pauls Blick aus. Seine Führerin stand still — da war das Wirtshaus.

Er trat ein.

Dicke Rauchwolken schwebten in der halben Höhe der Stube, und durch den faden, säuerlichen Dunst des Biers, der vorherrschte, drängte sich der ätzende Hauch lange nicht geputzter Pfeifen, und der widerlich süße Duft der Schwefelhölzer. An langen ungedeckten Tischen, die nichts als Biergläser und hie und da ein Salzfaß trugen, saßen Bauern hingelümmelt; ihr Gespräch stockte einen Augenblick, als Paul durch das Zimmer zur niedern Türe schritt, die in den Hausflur führte. Niemand war zu sehen, er trat in den Hof hinaus; auf der kleinen, hölzernen, nur wenig erhöhten Veranda, auf der zwei braungestrichene Tische und ein paar Sessel standen, ließ er sich nieder.

Eine Magd kam, noch jung, groß, breithüftig, vollbusig, und während sie Paul erklärte, daß er nur mehr »Kaltes« haben könne, da die Mittagsstunde schon längst vorüber sei, trocknete sie an der blauen Kattunschürze ihre großknochigen Hände, die noch vom Waschen des Geschirres feucht waren, und die die gründliche elementare Sauberkeit abgearbeiteter Hände hatten, bei denen Seife und Lauge und Sand, den Schmutz wegscheuert und ätzt.

Sie brachte die Speisen: Butter, Brot, zu stark geräucherten Schinken und sauren Landwein. Paul kostete kaum, dann schob er die Teller zurück und lockte die Hündin, die in der Ecke des Hofes auf einem offenen Strohbund vor ihrer Hütte lag und die Jungen säugte. Sie kam; zögernd, ducknackig, mit hängenden Zitzen, die bei jedem Schritte im Sande fegten. Ein paar Schritte von ihm entfernt blieb sie scheu stehen und schnappte nach den Brocken, die er ihr zuwarf, bei jeder heftigen Bewegung mißtrauisch zur Seite fahrend, als fürchte sie einen Steinwurf.

Zwischen wenigen, weißen, geballten Wolken, die noch am Himmel standen, schob sich jetzt langsam die Sonne vor, den Hof mit hellem, heißem Lichte überströmend, daß alle Farben satter, die Umrisse schärfer wurden, und Paul den dünnen schwankenden Faden sah, an dem sich ein nacktes Räupchen vom Dache der Veranda herunterließ.

Er trug einen Sessel hinaus in den scharf umgrenzten tiefblauen Schlagschatten, den der niedere Seitentrakt des Hauses warf; durch das offene Fenster sah er in die Küche; die Magd stand über ein Schaff gebeugt und wusch Geschirr. Sie sprach mit jemandem, den Paul nicht sah; erst als sie sich aufrichtete und quer durch die Küche schritt, sah Paul einen großen stämmigen Bauernburschen, der sie an der Schulter faßte und langsam gegen die Wand drängte. Der breite Rücken des Burschen verdeckte die Gestalt der Magd; nur ein Stückchen der schwarzen Haarflechten und ein hochrotes Ohr hob sich von der weißen Wand ab, dann schien es Paul, als glitten sie beide langsam nach unten in eine Versenkung, und das offene Fenster, das das Bild gerahmt hatte, schloß nur ein Stilleben ein:

Der Küchentisch, ein Stoß umgestürzter Teller und glänzende Kupferpfannen an der Wand.

Er stand auf und pflückte eine blaßrote Blüte des Oleanders, der neben ihm in einem Kübel wuchs; dann setzte er sich wieder und betrachtete scharf und aufmerksam die Dinge, die ihn umgaben, als müßte er sie sich einprägen für ewige Zeiten. Nicht daran denken! Er wollte sein Schauen durchtränken mit Form und Farbe, und auf die leisen Laute horchen, die durch die heiße Stille kamen, und die Düfte einatmen, die aus dem Garten und da drüben von der Wiese und dem Waldsaum herüberstrichen, und durch die Pforten der Sinne wollte er sein Empfinden nach außen hin jagen, daß es endlich abließe von dem *einen* Gedanken, der in seinem Innern zu Tode gehetzt blutete!

Und er sah vor sich hin:

Ein niederer gelber Sandhaufen, mit weißem Kalk besprizt, und eingebettet im Sande ein rotkarierter Polster, auf dem ein kleiner, kaum zweijähriger Junge schlief. Mit der einen Hand hielt er sein nacktes Füßchen, und die halboffenen Lippen hatten leichte, saugende Bewegungen. In der Ecke des Hofes eine hölzerne Pumpe von Wasserlachen umgeben, auf denen weiße und gelbe Flaumfedern schwammen. Mit feierlichen Schritten stelzte ein Hahn über den Hof, dem Garten zu, und die Henne, die er verlassen, blieb noch einige Augenblicke am Boden geduckt sitzen, die Augen trunken zugedrückt, bis sie sich blinzelnd erhob, die Flügel schüttelte und mit den andern Hühnern wieder träge im Sande scharrend suchte.

Über den Gartenzaun hing blühender Goldregen in den Hof; die Gartentüre stand offen. Vorne Kohlbeete, dann mitten im grünen Rasen Obstbäume, die runde kuglige Schatten warfen; am äußersten Ende des Gartens Kürbisranken, die erst am Boden hinkrochen, dann an der weißen Mauer, die den

Garten abschloß, hinaufkletterten. Zwischen den Blättern leuchtete das Gelb der Kürbisblüten. Ein Mann lag hemdärmlig im Schatten schlafend da, die Jacke zusammengerollt als Polster unter dem Kopfe, und über das Gesicht war zum Schutz vor Fliegen ein gelbrotes Tuch gebreitet. So still war es, daß man sein starkes, tiefes Atmen hörte, und das Summen von Bienen, die aus dem Garten über den Hof hinüber auf die Wiese schwärmten, die jenseits des Plankenzaunes, an dem hohe Brennesseln wucherten, lag. Bis zum hügligen Waldessaum, den Paul vor sich liegen sah, reichte sie, und zur Rechten dehnte sie sich weithin bis zu reifenden gelben Kornfeldern, über die ein leichter Wind lief, der die Halme zu lichtglänzenden Bergen und dunklen Tälern wellte. Mit Löwenzahn und goldgelben Ranunkeln war die Wiese übersät, und dort, wo das Grün tief und saftig wurde, mußte ein Bach sein; das dunklere, sattere Gelb der Sumpfdotterblumen lief wie ein Band quer über die Wiese, den Lauf des Baches verratend. Und von der Sonne, die [wie] eine rotglühende, dottergelbe Scheibe zwischen weißen rundlichen Wolken hing, floß grelles, blendendes Licht herab, daß es schien, als flamme die Wiese auf, wenn die gelben Blüten im Südwind schwankten, dessen heißer Atem schwül und schläfernd über Pauls Nacken glitt. − Von den Beeten im Garten flog ein Kohlweißling auf; ein zweiter folgte ihm. Einen Augenblick lang jagten sie einander über den Hof, dann flatterten sie hinüber auf die Wiese, sich suchend, und wieder vermeidend, bis sie in eins verbunden noch einmal hoch auf sich hoben, dann in müdem taumelndem Flug über die Wiesen irrten und in der gelben Flut der Blüten versanken.

Ein Rascheln ließ Paul zu Boden sehen.

Über einen weißen Fetzen Papier, den Rest eines alten Schulheftes, lief ein goldgrüner Laufkäfer. Gedankenlos schob

Paul mit dem Stock das Papier zur Seite — eine tote Ratte lag darunter, flach auf dem Rücken, mit angezogenen Beinchen, und die zwei weißen, großen Nagezähne der Schnauze, die in die Luft ragte, gaben dem Kopfe einen verächtlichen, naserümpfenden Ausdruck. Eine Schar Ameisen und schwarzer Aaskäfer hatte von dem Körper Besitz ergriffen; an den Stellen, an denen das Fleisch bläulichrot freilag, hingen unbeweglich stahlblaue kuglige Roßkäfer. Herbeigelockt von dem Duft des Aases umschwirrten es goldglänzende Fliegen, und summend, wie Hornissen, kamen Totengräber herbeigeschwärmt und ließen sich nieder.

Und ein Graben begann nun, hastig, eifrig, daß sie von der lockern Erde, die sie aufwühlten, überschüttet wurden und man kaum die orangefarbenen Flügeldecken zwischen Staub und Erde hervorleuchten sah. Unter der Ratte lockerten sie das Erdreich, unterhöhlten es, vereinigten sich zu gemeinsamer Arbeit, wo ein Steinchen ihnen ein Hindernis bot, fielen auf den Rücken, hilflos, zappelnd, erhoben sich wieder, begannen von neuem, — und all' das, nicht, weil der Hunger sie trieb, sondern weil in ihnen ein dunkler Drang war, der sie all' ihre Kräfte vereinen und anspannen hieß, um der noch ungeborenen, noch nicht einmal gezeugten Brut ein warmes Nest zu sichern, das ihr Nahrung bieten sollte!

Und wiederum dachte er daran! *Wohin* er auch sein Denken lockte, — — von *jedem* Punkte fand es wieder den Weg zurück zu dem *einen* Gedanken, der ihn quälte.

Das Kind!

Als er es in die Welt setzte und die Sorge darum skrupellos von sich warf, hatte er nicht bloß gegen die Moral *der Welt*, und die eigene, innere, tiefere gehandelt! An den Gesetzen der *Natur* hatte er sich versündigt; *ihre* Stimme war es, die in den

Tieren da unten, in ihrem dumpfen, unbewußten Triebe laut ward!

Drei Uhr! Die Schläge der Turmuhr hallten, daß die Spatzen, die mit plätschernden Flügelschlägen im Sande badeten, erschreckt aufflogen. Noch mehr als drei Stunden bis zum Abgang des Zuges; so lange sollte er noch dasitzen, ohne Buch, ohne Beschäftigung, in einer Untätigkeit, die ihn wehrlos seinen Gedanken auslieferte? Er stand auf und schritt durch den kühlen Hausgang auf die Straße. Ein Fiaker stand da; die Magd reichte ihm ein Glas Bier zum Kutschbock hinauf. Als er Paul sah, grüßte er. Ob der gnädige Herr mit ihm fahren wolle, er habe einen Herrn auf's Gut geführt und fahre nun leer zurück, in vier Stunden könne er in Wien sein.

Wie eine Erlösung erschien es Paul. Er zahlte der Magd, die mit schiefgeknöpfter Jacke, unter der sich ihre Brust noch wie atemlos senkte und hob, vor ihm stand, und als er ihr ein reiches Trinkgeld gab und noch um ein Glas Wasser bat, brachte sie es eilig herbei, wie zufällig mit ihren Brüsten seinen Arm streifend. »Vielleicht, daß der gnä' Herr bald wieder kommen!« meinte sie mit halb verlegenem, halb frechem Lächeln während er trank, und als der Wagen fortfuhr, blieb sie noch vor der Türe stehen und sah ihm lange nach, mit der Hand die Augen beschattend.

Die Pferde gingen in scharfem Trab; Paul rief dem Kutscher zu, er möge langsamer fahren, es sei ihm lieber; er wolle ein wenig schlafen, und wenn er länger als vier Stunden zur Heimfahrt brauche, mache das auch nichts, er habe keine Eile.

Er lehnte sich in die Kissen zurück und schloß die Augen. Er sah nur einen roten Schimmer, wie das Sonnenlicht durch seine Lider drang, dann wurde es dunkler, und er hörte über sich gleitendes Rauschen, als streife die Peitsche oder der Hut des Kutschers an Zweige und Blätter; sie mußten jetzt im

Walde sein, dachte er, aber er öffnete die Augen nicht; er wollte schlafen, — und er schlief endlich ein.

— — — — — — — — — — — — — —
— — — — — — — — — — — —

Als er erwachte war es Abend; er fuhr auf breiter staubiger Straße. Zur Linken, tief unter ihm, floß die Donau, ein stählernes Band, manchmal glänzend, wie blank geputzt, und dann wieder matt, wie von einem Anhauche getroffen. Über ihm war der Himmel noch licht, aber am andern Ufer, weit hinter den Weidenbüschen der Auen ging die Sonne unter.

Er dehnte sich und breitete die Arme weit aus, dann nahm er den Hut ab. Ihm war so wohl, wie lange nicht; er fühlte sich frisch, ausgeschlafen, sonnig durchwärmt; so mußte der Frucht sein, dachte er, wenn sie in der Sonne sich reifen fühlte.

Vom lichten Abendhimmel hob sich eine dünne Rauchwolke ab, die vom Ufer in die Höhe quoll; erst als er näher kam, sah er, daß es Eintagsfliegen waren, die zu Tausenden vom Wasser aufstiegen.

»Eintagsfliegen«, — er sprach das Wort laut vor sich hin, so befremdlich klang es ihm plötzlich. »Eintagsfliegen!« Wie seltsam es doch war, ein Wesen nach der Dauer seines Lebens zu benennen! Und doch, — der Name war gut; mit *einem* Worte sagte er ihr Schicksal. Und wie viel darinnen lag — in dem Wort: Der Stolz und das geringschätzende Bedauern der Menschen, die so viele, viele tausend Tage leben konnten, gegenüber diesen »Eintagsfliegen«, und Verwunderung, daß es solche Wesen gab, die nichts erleben konnten, — die aus dem Wasser aufstiegen, — zeugten und sterbend wieder hinabsanken.

Der Wagen fuhr jetzt mitten durch den Schwarm; und sie stießen sich an dem Wagen, flatterten Paul in's Gesicht, fielen auf die Polster nieder und blieben liegen, ermattet, ohne Kraft sich wieder zu erheben, — sterbend, und im Liebestaumel vereint. Paul schloß die Augen und wehrte den Schwarm mit der Hand ab; und er erinnerte sich an die beiden weißen Falter, die er im Hofe des Dorfwirtshauses sah, wie sie spielend einander jagten, bis sie in eins verbunden über die Wiesen glitten, und er sah den Hof wieder, im Sonnenlicht, und dann die Wirtsstube, — und den Dorfplatz — und die Dorfstraße, — aber das alles wie zusammengedrängt in *ein* Bild; klar, deutlich, greifbar, vor Augen, — und doch anders! Nicht bloß Form und Farbe hatten die Dinge, — *hinter* ihnen war ein geheimer Sinn, der sie durchleuchtete, sie standen nicht mehr fremd *neben*einander, — *ein* Gedanke schlang ein Band um sie!

Da war der Hof: Hell, heiß, von der Sonne durchleuchtet; Hennen, die der Hahn betrat, drinnen die Magd, die sich hingab, Falter, die sich gatteten, und die Wiese übersät mit gelben Blumen, die sich sehnend zu einander neigten im Wind, der sie befruchtete, — den Bienen, die den Blütenstaub trugen, demütig ihre Kelche öffneten, um ihn in ihren Narben zu empfangen, — und überall Gelb, warmes sonniges Gelb, Goldgelb, Kürbisblüten, die gelbwogende Wiese, und über all' dem flammend die fruchtbare Sonne des Frühsommers, dottergelb in weißen Wolken!

Und *da, da* hatte er ihre Stimme nicht vernommen, — da war er taub geblieben, er, der sie hörte, wie sie als »dumpfer Trieb« in den Käfern sprach, — die »Stimme der Natur!?«

Die Natur! Wußte er es denn jetzt erst, daß sie immer von neuem brünstig und zeugend und trächtig und gebärend war, und vernichtend, was sie geboren, — und *stumm* blieb auf alle unsere Fragen? Und die »Stimme« liehen wir ihr nur, weil uns vor ihrem Schweigen graute!

Gesündigt, gegen sie, gegen göttliches Gebot hatte er, zuerst als er ein Kind in die Welt gesetzt, und dann, als er es hilflos, elend umkommen ließ? Und Strafe war es gewesen, daß er darum litt?

Wenn es Sünde war, um die man leiden mußte, was litt dann sie, die Natur, die große Sünderin, die *alle* in die Welt setzte, und *alle* elend, hilflos umkommen ließ, die uns zuerst schuldlos zum Leben verdammte, und dann zum Tode begnadigte? Und wenn sie uns, wie wir den Eintagsfliegen, einen Namen gab, nach der kurzen Dauer unseres Lebens, — wie nannte sie uns, — sie, die ewig war, — ohne Anfang und Ende?!

Er neigte den Kopf und sah zurück nach der Säule von Eintagsfliegen, die wieder in die Höhe quoll, als hätte keine Störung sie getroffen. *Größenwahn* war es, daß wir meinten, wir könnten uns gegen sie, die Natur, versündigen. Um nicht den Eintagsfliegen zu gleichen, um ein Schicksal zu haben, erfanden wir uns Tugenden und Laster; und Schuld und Sünde dichteten wir in die winzige Spanne Zeit hinein, die unser Leben währte; *unsere* Moral, *unsere* Sentimentalität ließen wir ihr, der Natur, daß sie *uns* gleiche, — eine Gottheit nach unserem Ebenbild!

Und dann folgten wir ihrer Stimme, und lehnten uns gegen sie auf, und wir sündigten gegen sie, und schlossen mit ihr Frieden, als wäre sie unseres Gleichen, und wir mehr, als Keime, von einer Welle an den Strand des Daseins geschleudert, — und hinweggespült von der nächsten. —

Da waren die ersten verstreuten Villen der Vororte, an hügelige Abhänge angebaut; über hohe alte Gartenmauern, deren Kalkbewurf abbröckelte, fielen dichtwuchernde Büsche verstaubten Nachtschattens. In altmodischen Lusthäusern, mit Wetterfahnen auf den Dächern, saßen Frauen und spielende

Kinder, die hinabblickten auf die Scharen der Ausflügler, die in die Stadt heimkehrten. Kindsmädchen, die die Kleinsten auf dem Arm trugen, lehnten an den Zäunen, und übermütige Worte der Vorüberziehenden flogen ihnen zu. Pauls Blick glitt harmlos über die Kinder am Wege; er fühlte wie die Gedanken an sein Kind blasser und schattenhafter wurden und langsam sich von ihm lösten.

Jetzt fuhr der Wagen in einem Hohlweg. Auf schmalen Pfaden, die oben zu beiden Seiten längs der Felder und Wiesen liefen, pilgerten die Leute heim in die Stadt — eine endlose Prozession. Und immer dieselben Gruppen, die sich wiederholten: Zwischen vereinzelten Ehepaaren mit ihren Kindern, immer wieder Liebesleute, Arm in Arm, aneinander geschmiegt. Noch war es Licht, und Paul sah den satten, befriedigten Ausdruck der Mädchen: mattgeküßte Lippen, und Augen, die noch von genossener Liebe erzählten. Auf den Hüten staken Blumen, Sträuße trugen sie in den Händen, oder an Schirme und Stöcke gebunden, die sie geschultert trugen, und wenn irgendwo, weit vorne, der sentimental-schleppende Refrain eines Liedes aufflog, fingen die Rückwärtigen ihn auf, sangen eine Weile mit und gaben ihn weiter, bis er wieder in der Ferne verklang. Paul wandte sich im Wagen und sah nach rückwärts: Hinter ihm lagen die Hänge des Kahlenberges, und vom Horizonte hob sich die Linie der Bodenwellen, die langsam gegen die Stadt verliefen.

Wie weich, wie weiblich die Formen dieser Landschaft waren; nichts Hartes, Eckiges, Schroffes! Gegen die träge sich dehnenden rundlichen Konturen drängten sich nur langhingelagerte Fabriksgebäude; dazwischen die prall gespannte Kuppel irgend eines Reservoirs, dessen Rohziegelbau einen fleischfarbnen Fleck zwischen weißen Mauern bildete, und dort, hart am Saum des Waldes, dessen niedere Büsche ihn wie dunkles krauses Vließ umgaben, steif emporgereckt gegen Himmel, ein riesiger Rauchfang.

Von dort, vom Wald her kehrten sie zurück. Im *selben* feuchten, wie verklärten Schimmer glänzten ihre Augen, *dieselbe* hingebende Bewegung war es, mit der sie den Kopf an die Schultern des Geliebten lehnten, *dieselbe* Erinnerung brachten sie alle heim, um sich während der Arbeitstage der Woche an ihr zu laben, wie an dem Duft der Blumen, die sie an den Hüten trugen. Und die Müdigkeit der Stimmen gab den Liedern, die sie sangen, fast feierlich-ernsten Klang; wie von einer Wallfahrt kehrten sie heim, alle geeint in liebes-andächtigem Empfinden, das über sie gekommen war mit dem Hauch des Südwinds, der heiß und fruchtbar über sie hinstrich.

Er dachte an jenen Sonntag abend, da er Juli zum erstenmal sah; wie weit das alles lag! Ihm war es wie eine Erinnerung an ein Bild, als hätte er davon bloß erzählen gehört: das blaue Licht der Wagenlaterne, und ihr kleiner zierlicher Kopf, den sie müde an die Scheiben lehnte. Sein Empfinden für sie war gleich fern von der sinnlichen Zuneigung und dem späteren zornigen Widerwillen von ehedem, und der neuerwachten Zärtlichkeit von gestern. Gewesenes! Wenn er an sie denken würde, dann würde er sie sehen, wie er sie gestern sah, als sie erschreckt über die späte Stunde im Bette auffuhr und das Hemd von ihren Schultern glitt. Vielleicht zum erstenmal in ihrem Leben war sie da schön gewesen; heute empfand er es, denn gestern war zu viel Trauriges in ihm, als daß er Augen dafür gehabt hätte. Im Bette kniend, warf sie den Kopf nach rückwärts und schüttelte ihn, daß ihr blondes Haar sich löste und an ihr heruntergliit; die zarte Rundung des Halses, der sich zurückbog, die schlanke feste Fülle der Brüste, die leicht erzitterten, wie sie mit den Armen nach rückwärts griff, um ihr Haar zu erfassen, die kauernde Stellung, die alle Muskeln des Leibes spannte, und das rötliche Licht der Kerze, das flackernd auf sie fiel, daß es schien, als erglühe ihr Leib von inneren Flammen erhellt und versänke dann wieder in graues Dunkel ......! Und er wußte es jetzt: Was häßlich und gemein an all' dem gewesen, würde verblassen, und *dies* Bild würde bleiben, vor ihm aufsteigen, wenn er später einmal an sie denken würde; in fernen Tagen, wenn die kühlen Schatten des Alters über ihn fielen, eine warme sonnige Erinnerung an Jugend, und einen Sommerabend, warm und sonnig!

Die Sonne! Da ging sie unter!

Er lehnte den Kopf in die Kissen und sah auf. Hinter dunkelgeballten graublauen Wolken, die an den Rändern feurig glommen, sank sie hinab, langsam, feierlich, zwischen Flammen verblutend. Paul war es nicht, als tauche sie hinab, um morgen wiederzukehren, sondern als stürbe sie heute, ein König im vollen Ornate, gehüllt in seinen Purpurmantel, dessen Gold und Edelsteine noch einmal flammend aufblitzten, ehe ihr Glanz in strömendem Blute ertrank! Und Sehnsucht kam über ihn, heiße Sehnsucht, zu leben, sich am Leben zu freuen, ehe die Nacht herankam, die dort von den dunklen Bergen her, in mißfarbene Schleier gehüllt, lauernd herankroch.

Er stand im Wagen aufrecht und neigte sich zum Kutscher: »Da!« Er zahlte ihm: »Rascher fahren!« Die Pferde fielen in scharfen Trab und die Hufe schmetterten auf den Granit des Quais. Wie schön das alles war! Da unten die Donau, blitzend in den letzten Sonnenstrahlen, und der Duft des Flieders und verspätet blühender Kastanien, der aus den Anlagen am Ufer stieg, und das Dahinfliegen durch die Menge in rollendem Wagen, und das Haschen eines warmen Blickes aus Frauenaugen, der ihm galt, und jung zu sein, noch jung! – – Und er breitete die Arme aus und ballte die Hände, als wollte er es festhalten, fest, eh' es entglitte: Sonne und Blumenduft und Liebe und Jugend! Da! – Die Gestalt kannte er; das dunkle Haar und der nachlässig wiegende Gang, – die Konservatoristin aus der Oper; er sah schärfer hin; nein, – er täuschte sich, – oder doch? Gleichviel! Der Blick zweier dunkler Augen traf ihn. »Halten!« Er rief es dem Kutscher zu; aber ehe der noch die Pferde zurückgerissen, war er abgesprungen und in der Menge verschwunden. –

Juli 1893.

Camelias.

Das Haustor schloß sich und Freddy stand auf der Straße. Er sah erstaunt auf, — ein Tropfen zerronnenen Schnees war auf seine Hand gefallen und jetzt erst merkte er, daß es taute. — Über den Dächern lag der lichte Schimmer des Mondes und ein lauer Wind trieb weiße Wolkenfetzen über den Himmel.

Freddy zog einen Handschuh an — dann streifte er ihn wieder ab; die feuchtwarme Luft, die durch die Gassen strich, tat seinen Händen wohl, die stundenlang in den Ballhandschuh gepreßt waren.

Langsam ging er den Opernring hinab; beim Hotel Imperial stand ein Wagen —»Nein« — er wollte zu Fuß nach Hause gehen. Freilich war's nicht mehr der weiße, knirschende Schnee von heute abend; eine grauliche, wäss'rige Masse, die quatschend unter seinen Schritten wich, drohend die Gesimse überhing — und morgen, wenn die Sonnenstrahlen die Schneemassen geschmolzen, eine schwärzliche Lache; pfui — wie häßlich dieser Frühlingsanfang war! ...

Er blieb stehen und lachte leicht auf; war das nicht merkwürdig? — Gerade jetzt hatte er jene warme, weitende Empfindung gehabt, die sich früher ... früher, vor zwanzig Jahren ... in ihm regte, wenn er an den »Frühling« dachte. »Frühling«, »Sonnenstrahlen« ... wie komisch, sich auf so verspäteter Gefühlslyrik zu ertappen. —

Auf dem Schwarzenbergplatz mußte er stehen bleiben; eine Kolonne Milchwagen zog dicht aneinander geschlossen der Stadt zu. War's denn schon so früh? Er zog die Uhr. Viertel drei! —

Als er die Uhr wieder in die Westentasche schob, spürte er einen kleinen weichen Knäuel; er griff danach; — ein Stückchen weißer Crêpe de Chine? — ah, — von Theas Kleid.

Während eines Walzers war sie auf ihn zugelaufen – ein Tänzer hatte ihr ein Stück Volant abgetreten – und jetzt stand sie vor ihm:»Bitte Freddy, schneiden Sie es ab!« Sie stellte den Fuß auf das niedere Tabouret, auf dem er gesessen, und wie er vor ihr kniete, und vorsichtig das Stückchen lostrennte ...»Nicht wahr«, hatte sie gesagt,»ich kann Ihnen nicht mehr *Onkel* Freddy sagen; das klänge so affektiert, – jetzt, wo ich auch erwachsen bin!« –

»*Auch!* – Aber Thea, ich bin ja um zwanzig Jahre älter als Sie ...«»Herrgott, protzen Sie damit!« und sie strich ihm leicht über den Kopf,»Sie sind jung und schön, der 'schöne Freddy', na, Sie wissen's ohne mich ...« und sie tanzte weiter.

Backfischkoketterie! – Nein, er tat ihr Unrecht; kokett war sie gar nicht, zumindest ihm gegenüber nicht.

Er kannte sie seit ihrem dritten Jahre; damals hieß sie noch »Dora«, aber»Dora« klang ihm hart – und so rief zuerst er, und dann alle andern, sie mit der zweiten Hälfte ihres Namens:»Thea«? in ihrer Erscheinung erinnerte sie zwar gar nicht an die Rosen ...

Natürlich! *Jetzt* erst mußte es ihm einfallen, *jetzt*, wenn's zu spät war, um viertel drei morgens –; den Strauß Camelias für Franzi hatte er zu bestellen vergessen! Ob er morgen vormittags noch welche bekäme – ?

Jeden Samstag bestellte er für Sonntag vormittag einen Strauß Camelias, keine italienischen»Cotilloncamelias«, wie sie Fräulein Anna im Blumenladen verächtlich nannte. Von den Stöcken in den Treibhäusern, draußen in Döbling, wurden Sonntag früh ganze Blütenzweige für ihn abgeschnitten, lose mit einer Goldschnur umwunden, und an die wohlbekannte Adresse von»Franzi Langer« geschickt, wo er sie mittags als Tischbouquet wiederfand.

Früher hatte er öfters, während der Woche, ohne besonderen Anlaß, Franzi Blumen geschickt, aber eines Tages hatte sie ihn gebeten, ihr doch lieber regelmäßig, am Sonntag, ein schönes, großes Bouquet zu senden; zum Sonntag gehörten Blumen! Dieses Sonntagsgefühl verdroß ihn noch immer an ihr. Das sonntäglich-feierliche Menü, das ihn bei ihr erwartete, ein neues Negligé, das für Sonn- und Feiertage bestimmt war, und selbst eine kompliziertere Frisur mußten ihn daran erinnern, daß dieser Tag im Kalender rot gedruckt sei! — Feierlich hatte er ihr einmal erklärt, daß er sicher an einem Sonntage sich von ihr lossagen werde.

»Lossagen!« hatte sie damals pathetisch ausgerufen, und in ihrem Munde klang das Wort so fremd, so sonntäglich-feierlich gegenüber ihrem wochentägigen Wienerisch, daß es ihn auf's neue empörte und in ihm das Bedürfnis weckte, recht roh und grausam zu sein ... »Ja ... lossagen, ... wenn ich heirat' oder eine andere nehm' ... so geschieht es an einem Sonntag!« — Natürlich hatte es eine Szene gegeben; sie weinte, er lief verzweifelt im Zimmer umher, bis sie beide müde wurden. Matt ließ er sich auf den Klaviersessel nieder und nun kam sie herbei, noch immer schluchzend, und setzte sich auf seinen Schoß, dann öffnete sie das Klavier — an Sonntagen spielte sie auch Klavier — und während ihr noch die großen Tränen langsam über die Wangen rollten, begann sie, mit zwei Fingern der rechten Hand sich begleitend: »Hab' ich nur da-heine Liebe, die Treu-he brahauch ich nicht ... «; die Begleitung in der Linken konnte sie nicht finden — wie gewöhnlich.

Auf der Schwarzenbergbrücke blieb er stehen. Drüben hob sich scharf konturiert die Kuppel der Karlskirche; der Mond stand gerade hinter ihr, man sah ihn nicht, aber die geballten Wolken, die sich hinter der Kirche drängten und schoben, strahlten in weißem, fast grellem Licht. Er beugte sich über die Brüstung. Von den Ästen der Bäume, die am Wienufer standen, tropfte langsam zerrinnender Schnee ... Es war still; nur manchmal ein Ton wie splitterndes Glas — und von der Brückenwölbung löste sich ein Eiszapfen und fiel prasselnd auf ...»Frühling!« Er sagte es halblaut — und wiederum ertappte er sich auf dem lächerlichen Gefühle von vorhin.

Er ward ärgerlich. Reagierte am Ende gar seine Stimmung auf jeden Temperaturwechsel — ungefähr so, wie der linke Arm vom Major Schwahl, der einen Streifschuß erhalten hatte? — Er ging weiter ... Der Major Schwahl war auch überall zu finden. Wirklich, ein gelungener Kerl! Gewöhnlich, wenn die andern noch beim Dessert saßen, stand er auf und wanderte von einer Dame zur anderen; er beugte sich über die Lehne ihres Sessels und während sie vom Dessert naschte, begann er leise ihr Komplimente zu machen, in ruhigem, fast gleichgültigem Tone; zwischen jedem Satz eine Pause — und die Pausen immer größer — und wenn er endlich verstummte und die Dame erstaunt aufsah, konnte sie bemerken, wie seine Augen, halb verhüllt von den schweren gedunsenen Lidern, starr auf ihre Büste gerichtet waren und eine leichte Röte seine fahlen Wangen deckte ... Und es gab Damen, die sich gerne diesen Tribut der Bewunderung zollen ließen.

Heute hatte er es auch bei Thea versucht — aber die war nach den ersten Worten aufgestanden und hatte ihn stehen lassen, ohne ihm auch nur Antwort zu geben; geschah ihm schon recht, dem ekelhaften Kerl!

Thea hatte aber auch heute reizend ausgesehen. An wen hatte sie ihn denn nur erinnert? Er dachte nach ... Als sie hinüber in den Wintergarten gingen, schlang sie eine Tüllschärpe um Hals und Kopf, und da — da kam sie ihm auf einmal so altbekannt vor, — er hatte die Empfindung, als hätte er sie

vor zehn, vor zwölf Jahren, genau so gesehen, aber nicht hier
— irgendwo anders — ? Freilich! ... In Paris war es gewesen
— dort hing sie, von Greuze gemalt, im Louvre ... Als er vor
dreizehn Jahren — er war gerade großjährig geworden — seine Flitterwochen mit Franzi in Paris verlebte, hatte er sie
stundenlang im Louvre herumgeschleppt, und eines seiner
Lieblingsbilder war ein Greuze gewesen: »L'accordée de village« — »die Dorfbraut« — hatte er es für Franzi verdeutscht.
Schließlich hatte es auch Franzis Beifall gefunden ... Im Vordergrund die »herzigen Pipihenderln« und die »Inslichtkerzen«
an der Wand entzückten sie. Ihn ließ das Bild mit seiner rührseligen Stimmung kalt — aber das Köpfchen der Braut gefiel
ihm; das ruhige Oval des Kopfes und dann der Mund, dieser
Mund mit der leicht vorquellenden Oberlippe — da stak die
Ähnlichkeit mit Thea, nur, daß sie fast nie die Augen so sehr
senkte, wie es die Braut auf dem Bilde tat ...

Er stand in der Reisnerstraße vor dem Haustore und läutete
... Was für schöne Augen Thea hatte! — Er war neben ihr auf
dem niedern Diwan im Wintergarten gesessen ... das Gespräch stockte, er war abgespannt und schwieg — der Kleinen
gegenüber tat er sich keinen Zwang an — da hatte sie ihn
plötzlich bei der Hand genommen:

»Sagen Sie — haben Sie sie sehr lieb — ?« und sie sah ihm
voll in die Augen.

»Wen — sie!?«

»Sie — Franzi Langer! — Glauben Sie, ich weiß nicht! — «

»Aber Thea — das schickt sich nicht, daß — «

»Ob's sich schickt oder nicht — sagen Sie — «

»Sehr!? — Ich habe nie darüber nachgedacht!« ...

Der Hausmeister öffnete. Freddy nahm den kleinen silbernen Leuchter, der für ihn bereit stand und stieg die Treppe
hinauf. Im Halbstock blieb er stehen; eine sonderbare Laune

überkam ihn und in einigen Sätzen, immer drei Stufen zugleich nehmend, war er im ersten Stocke angelangt. Er atmete kaum schwerer; Thea hatte recht gehabt, er war noch jung! – er lächelte – und schön! Wozu sie ihm das heute gesagt hatte? Er schloß die Türe auf. Im Vorzimmer, auf der Marmorplatte der Garderobe, lag eine Spieltafel und Kreide vorbereitet. Wenn er nachts nach Hause kam, schrieb er dort die Aufträge an seinen Diener, der schon schlief, nieder. Er stellte den Leuchter beiseite: »Morgen früh für Mittag Camelias bestellen, Adresse wie gewöhnlich.«

Er sah in den Garderobenspiegel, nahm den Leuchter, ging durch den kleinen Salon in sein Arbeitszimmer und ließ den Pelz auf den Diwan gleiten. Auf dem Schreibtische lag ein Paket Zigaretten; er riß es auf und zündete sich eine an: »Sehr gut!« Natürlich, nach denen von heute abend! Theas Vater war Zigarrenraucher; für Zigaretten hatte er eben kein Verständnis.

Er öffnete den kleinen Eckschrank und schenkte sich ein Glas Sherry ein, er kostete und stellte das Glas auf den Schreibtisch – den Agenten konnte man weiter empfehlen.

Freddy lehnte sich im Fauteuil zurück und schloß die Augen; eine wohlige Müdigkeit lag ihm in den Gliedern; in den Kniekehlen und in den Armbeugen empfand er eine angenehm schmerzliche Spannung; er streckte die Füße von sich und warf Kopf und Arme zurück. – Aah!

Auf dem Schreibtische fiel etwas um, er griff danach. Theas Photographie – »dem strengen Kritiker meiner Ballpremiere« stand links in der Ecke – er nahm das Bild und sah es an. Offenbar hatte er Thea damals Unrecht getan; die Toilette war nicht elegant, – da hatte er recht gehabt, aber Thea sah in ihr reizend aus ... Weißer Atlas, Taille und Rock in einem, rückwärts zum Schnüren — die Arme frei, hoher viereckiger Ausschnitt — Rock fußfrei, keine Ruche, kein Volant — »Atlasschürze« hatte er das Kleid genannt — und sein Verdammungsurteil hinzugesetzt: »Provinz!«

Es mußte aber auch schwer sein, für sie zu arbeiten. Wenn man kein Mieder trug! Das sei »wider die Natur« erklärte sie feierlich und im jugendlich-reformatorischen Eifer: »Das muß überhaupt abgeschafft werden!« Selbst in der Taille des Kleides — er hatte es beim Tanzen gespürt — war nur wenig Fischbein eingenäht — und das wenige mußte Theas Mama von ihr erst erkämpfen. Tournüre trug sie auch nicht, »denn — weißt Du, Onkel Freddy — die ist geradezu unanständig!«

Der weiße Atlas modellierte die Formen ihres Körpers; die Taille kaum angedeutet, die Hüften noch unentwickelt und wenig vorspringend — und so lag in ihrer Erscheinung noch etwas Pagenhaftes, Jungfräulich-hermaphroditisches, eine liebliche Hilflosigkeit der Form, die erst nach Ausdruck ringt ...

Es war ihm heiß geworden; diese engen Hemden! — Ärgerlich warf er die weiße Binde zur Seite und öffnete den Kragen. Ein Perlknopf fiel zu Boden, er hob ihn auf.

Sehr hübsch war das zarte Goldkettchen, das Thea heute trug, nur zu lang, offenbar Schmuck ihrer Mama. Die Tropfenperle, die daran hing und im Ausschnitte ihres Kleides verschwand, hatte er — er war ihr Tischnachbar — erst bemerkt, als sie sich zu ihm hinneigte und ihn leise bat, sie mit sich in den Wintergarten hinüber zu retten; Major Schwahl hatte gerade begonnen, ihr Liebenswürdigkeiten zu sagen. Freddy setzte sich im Fauteuil auf. Was für eine Frechheit dazu gehörte, ein so plumpes Manöver immer wieder aufzuführen — wie der Kerl sie mit seinen Blicken betastet hatte! Wenn der Mensch sich das noch einmal herausnehmen sollte —! Er ballte die Faust. — Er stand auf; nun, — und *wenn?* — Schließlich konnte er ja doch nicht von ihm Rechenschaft fordern; mit welchem Rechte auch? Als Vater? – Als Bruder? – Als Verlobter? –

Er ging erregt im Zimmer umher, dann streifte er Frack und Weste ab und warf sie auf den Diwan. Er blieb plötzlich stehen. Was ging ihn das eigentlich an? Woher auf einmal diese sittliche Entrüstung? – Trug Franzi an seinen Herrenabenden, bei denen sie die Honneurs machte, weniger dekolletierte Toiletten und hatte er, wenn die Augen seiner Gäste lüstern über sie glitten, jemals etwas anderes empfunden, als den hochmütigen Stolz des Besitzers? Wollte er den Leuten verbieten, Thea anzusehen! Und – wenn sie heiraten würde, ihrem Manne – – –?! ... Ihn fröstelte; er lehnte sich an den Bücherkasten und starrte, wie erschreckt, in's Leere.

Er liebte sie also?!

»Ich bin verrückt!« dachte er – und dann, als wollte er einen Traum verscheuchen, ganz laut: »Ich bin verrückt!«

Er griff sich an den Kopf. Unklar kam ihm zum Bewußtsein, daß er zerrauft sei; er suchte mechanisch in der Tasche nach einem Kamme – und dabei immer der eine Gedanke: »Ich liebe sie also!« – Er begann seine Frisur in Ordnung zu bringen, dann den Bart – und die ruhige, gleichmäßige Bewegung brachte ihm selbst wieder Fassung und Ruhe.

Er überlegte. Vor allem nur nicht lächerlich werden. »Freddy« verliebt – der »schöne Freddy«!

Er hob den Kopf. Der »schöne Freddy!« – Wie weich, wie kosend das heute geklungen hatte, und dann im Wintergarten, und dann gestern, wie sie ihn bat, ihr doch die Haare nach seinem Geschmack zu arrangieren ... und dann vorgestern ... und dann neulich in der Loge ... und dann ... und dann ...

Und er erinnerte sich, und prüfte, und erwog ...; Thea liebte ihn; und er zweifelte wieder und schätzte die Tatsachen geringer, und brachte Perzente in Abzug — für seine Eitelkeit — und prüfte jeden Posten wieder, und wieder, als wäre es eine Rechnung, — und wieder das Fazit: Sie liebte ihn! Er trat zum Schreibtisch. Da stand ihr Bild. Nun? — nur an ihm lag's, daß kein anderer ... Und wenn er morgen vor sie hintreten würde ... er dachte an ihre hastige Frage im Wintergarten und wie unruhig gequält ihn ihre Augen ansahen, als sie ihn fragte, ob er Franzi sehr liebe!

Franzi! Was die dazu sagen würde?

Ach was! die hatte kein Recht, etwas zu sagen; die wurde bezahlt. Da, unten, in der Schreibtischlade lag der Vertrag, abgeschlossen zwischen ihm und ihr; sie war *gut* bezahlt; ihre Mutter verstand sich auf's Verkaufen! Sechzigtausend Gulden, bei ihrem Advokaten deponiert, zu lebenslänglicher Fruchtnießung für Franzi — sie konnte testamentarisch darüber verfügen, nicht bei Lebzeiten sie angreifen — machte dreitausend Gulden Rente; so lange das Verhältnis dauerte, zwölfhundert Gulden für Wohnung — machte viertausendzweihundert — und dann Punkt 6 des Vertrages, wenn er heiraten sollte: Zehntausend Gulden; — »Schmerzensgeld« hatte es Frau Josefa Langer, geborene Zastawetz, Beamtenwitwe, genannt, und ihr Advokat hatte den emphatischen Ausdruck im Vertrage, auf »Abfindung« gemildert! — Frau Langer hatte damals die Konjunkturen *gut!* ausgenutzt; alle Anerkennung!

Franzis erster Liebhaber — ah, *erster* — wer konnte das wissen, — aber ihr erster Souteneur, ein Fürst, jung und brustkrank, war in ihrer Wohnung gestorben. Wochenlang war er da gelegen; bei ihr wurden die Bulletins über sein Befinden ausgegeben, und zu *ihr* mußte die Fürstin-Mutter kommen, um ihren Sohn zum letzten Male zu sehen. —

Eine Fürstin wie aus einem Roman, groß, weißhaarig und noch immer schön; und einen Roman hatten auch die Reporter daraus gemacht, die darüber, ohne Nennung der Namen — man wußte es so auch — schrieben. Und nach dem Tode des Fürsten hatte ein Feuilletonist, mit jener Rührung, die nach der Zeile bezahlt wird, die Szene geschildert, wie an dem Lager des Sterbenden die »stolze Fürstin« und »das schlichte Mädchen aus dem Volke« — Franzi trug längst Brillantboutons zu dreitausendachthundert Gulden — einander weinend in die Arme sanken.

Ja — damals war sie berühmt gewesen; und wenn sie nach dem Tode des Fürsten, in tiefer Trauerkleidung, dicht verschleiert, in einem »Unnumerierten« mit zwei Rappen in den Prater fuhr, zeigte man sich die »aufopfernde Geliebte« des Fürsten, fast seine Witwe, die ihn treu und uneigennützig gepflegt hatte — »bis in den Tod!«

Der Feuilletonist hatte Freddy viel gekostet. Die Berühmtheit mußte er mitbezahlen. Ihn ekelte. — Ja, bezahlt war alles! Man zahlte beim Entrée und wenn man fortging, bezahlte die Hingabe und vergütete den Abschiedsschmerz, — sie war sein eigen, denn er hatte sie gekauft! — Und nicht einmal das! Wenn sie heute auseinandergingen, verkaufte — nein, *vermietete* sie sich an einen andern! — Vermietet — und *nur* vermietet war sie an ihn, wie eine Wohnung, die ein anderer vor ihm bewohnt und eingerichtet. — Oh, er erkannte es jetzt, das herrschaftliche Inventar! Diese traurige Zärtlichkeit, die sie für ihn hatte, als wäre *er* der kranke Fürst, der bald sterben würde, und dieses Sichversagen, wenn er sie begehrte, dieses sich nicht hingeben *wollen*, wenn sie sah, daß er danach verlangte — war das etwas anderes, als die Erinnerung an die Mahnung des Arztes, der Schonung und Mäßigung von ihr verlangt hatte, da in dem kranken Fürsten die Sinnlichkeit wild aufflackerte ... Und wenn in all' den Jahren, die sie nun mit einander lebten, sich auch viel von Eindrücken verwischt hatte, wenn er unter der Schrift, die die schlanke, aristokratische Hand hingeworfen, wie bei einem Palimpseste nach dem ursprünglichen Texte suchte, — nach der Art, die ihr eigen und angeboren — was fand er? Das Vorstadtmädel — oder nein, das Mädel der Vororte.

Dort, wo Stadt und Land aneinander grenzten, an der »Linie« war sie aufgewachsen, hungernd und manchmal bettelnd, der Vater Diurnist, die Mutter Wäscherin, in *einem* Zimmer schlafend mit den »Bettgehern« und ihren Geliebten.

Oh, er kannte das! — Aus einem Wort von ihr, oft nur aus einer Bewegung wehte es ihn an, wie der heiße Dunst der Waschküchen, in denen man den Schmutz der Großstadt spülte. — Dort, wo es alltäglich war, daß man etwas verlor, eh' man es besaß, wo manche nicht mehr jungfräulich waren, wenn sie es erst wurden, dort war sie zu Hause. Ihm war, als hätte er es mitangesehen.

Im Herbste, wenn der dicke Nebel draußen lag, und es frühzeitig Nacht wurde, mochte sie sich mit einem halbwüchsigen Burschen getroffen haben, einem Selchergehilfen, oder sonst so was, — und da hatte sie sich ihm hingegeben, am Zaune eines Gartens oder in der Grabenpfütze.

Und nicht einmal *hingegeben* — denn da war nichts von Liebe oder Hingabe gewesen; unreif, lüstern und neugierig war sie hineingetölpelt in den Schmutz und die Sünde! — Und mit *so was* hatte er dreizehn Jahre gelebt!

Dreizehn Jahre! — Er begriff es nicht. Was war denn an ihr? — Was hatte er so teuer bezahlt —? Was?! Nicht einmal recht verdorben war sie; talentlos und ohne Phantasie! Was für ein unreifer, naiver Bursch' der Fürst gewesen sein mußte? — Und dafür hatte er ein kleines Vermögen gegeben! —

Und jetzt — jetzt brauchte er nur zu wollen, und man gab ihm ein junges Mädchen, schön und gut, die ihn um seinetwillen liebte – und noch eine Summe dazu, vierfach so groß als die, mit der er Franzis, »Franzi Langers *Liebe*« bezahlt hatte! Er stand auf. Morgen – heute noch, wollte er ihr den Laufpaß geben! Er ging in's Schlafzimmer, schob den Hebel der elektrischen Leitung, und die Lampen entzündeten sich. Einen Augenblick lang kniff er die Augen zu – das Licht blendete ihn. Er öffnete die Tapetentüre, welche die Nische maskierte, und schloß die kleine eiserne Kasse auf, die drinnen angeschraubt stand. In dem großen Portefeuille waren acht Stück Tausender, – er nahm sie heraus, dann suchte er in der kleinen Brieftasche, die daneben lag: sechs Hunderter, ... drei Fünfziger ... dreiundvierzig Zehner ... er begann zu rechnen: Sechshundert ... Siebenhundertfünfzig ... vierhundertdreißig ... vierhundertdreißig ... Elfhundertachtzig ... macht also neuntausend einhundertachtzig Gulden; Sonntag war das Büro seines Bankiers geschlossen – er würde Vormittag zum kleinen Baron Lichtenau hinüberschicken um die achthundertzwanzig Gulden ...

Er ging zum Schreibtisch und steckte das Geld in ein Kuvert; *das* würde er ihr schicken, anstatt des Bouquets. – Er überlegte einen Augenblick, dann nahm er den Leuchter und ging in's Vorzimmer; er griff nach dem kleinen Schwamm – schon wieder nicht naß. – Er verwischte den Auftrag von früher, und schrieb hin: »Morgen große Düte Parma-Veilchen bestellen für ... « und setzte Theas Adresse hinzu.

Er ging in's Zimmer zurück. – Was ihm alles in den nächsten Stunden bevorsteht! – Eine Szene mit Franzi – sie würde ihn aufsuchen! – Und bei Thea? ... Am Abend hingehen, wie so oft – keinen Frack, ganz einfach – und ihr sagen ... ...

Nein — er wollte nur liebenswürdig mit ihr sein, und warm im Ton ... und dann beim ersten Anlaß ... das beste wäre doch zuerst zu ihrem Vater ... und mit dem reden ... Und er freute sich auf den Augenblick, wo ihr Vater hineinginge, um es ihr zu sagen ... und sie dann über die Schwelle des Zimmers treten würde, verschüchtert und doch lächelnd ... wie im Roman. Und die Zeit vor der Hochzeit! Wie hübsch; diese Einkäufe, diese Vorbereitungen ... Ihm fiel ein, daß er gestern am Graben eine Garnitur aus weißem Batist gesehen; die mußte sie entschieden haben! Nur keine Seide, — das war so kokottenhaft — und dann das abscheuliche störende Rauschen. — Die schwarze Spitze am Batistrock konnte bleiben, aber beim Hemdausschnitt mußte sie wegkommen! — Er erinnerte sich: Franzi hatte einmal oben am Hemd so einen Spitzenbesatz gehabt — und da war er immer mit den Nägeln hängen geblieben; einmal brach er sich auch einen ab. —

Er starrte in die Luft.

Als Thea zwei Jahre alt war, war er einmal dazu gekommen, wie man sie badete! Wie unglücklich sie in ihrer Holzwanne dastand und sich abwaschen ließ! Ob sie noch das linsengroße braune Mal an der linken Hüfte hatte? —

Er trat in's Schlafzimmer und begann sich vor seinem großen Toilettespiegel zu entkleiden. Er streifte mit dem einen Fuß den Lackhalbschuh von dem andern, ließ die Hose heruntergleiten, trat heraus, zog das Hemd über den Kopf — und stand jetzt da, im Mieder, den kurzen Piquethosen und den langen schwarzen Seidenstrümpfen. Langsam, vorsichtig öffnete er das Mieder und atmete tief auf — wie das wohltat! — schlüpfte aus dem fleischfarbenen Seidenleibchen, das er unter dem Mieder trug und warf beides auf ein Fauteuil.

Er senkte den Kopf und sah sich an; dann holte er tief Atem, hielt ihn an und klopfte auf die Wölbung der Brust. —

Um Bauch und Hüfte lief ein tief einschneidender roter Streifen, den das Mieder zurückgelassen; er betastete ihn. Jetzt streckte er das rechte Bein vor sich hin, so daß es nur mit der Zehenspitze den Boden berührte, drehte den Kopf über die rechte Schulter, soweit er nur konnte, und versuchte seine Wade von rückwärts zu sehen; dann beugte er sich nach vorne und schlug mit der flachen Hand ein paar mal darauf — er war zufrieden.

An der Wand hing ein dreiteiliger Spiegel; er öffnete ihn und besah sein Gesicht, im Profil, en face, dann die Zähne — alles in Ordnung.

Langsam zog er Hose und Strümpfe ab, nahm ein Spadon von der Wand und führte einige Hiebe gegen sein Spiegelbild. Wie er sich im Ausfall streckte, knackte es in den Gelenken, ja, das kam davon, wenn man ein paar Tage mit dem Fechten aussetzte. —

Auf dem Toilettetische war eine Dose Coald-Cream, Wildlederhandschuhe, ein weißes Taschentuch und ein gelbseidenes Cachenez vorbereitet. Er breitete das Taschentuch über den Kopfpolster und wand das Cachenez vorsichtig um seinen Kopf, immer dabei die Haare glatt streichend; er mußte es tun, denn wenn die Haare, während er sich im Schlafe bewegte, aus ihrer gewohnten Lage kamen, schmerzte ihn am Morgen die Kopfhaut. Dann verrieb er langsam das Coald-Cream auf seinem Gesicht; er strich von den Schläfen abwärts gegen die Wangen — wenn man's in der entgegengesetzten Richtung tat, bekam man noch mehr Fältchen in den Augenwinkeln — behauptete die alte Baronin von Wedersheim.

So! — und jetzt noch die Hände! Er rieb sie ein und fuhr in die Handschuhe; er war fertig mit seiner Toilette für die Nacht.

Er empfand das Bedürfnis nach einer Zigarette. Barfuß lief er über den dickwolligen Perser in sein Arbeitszimmer und steckte die Zigarette an der Kerze in Brand; er ging zum Bücherkasten, er mußte noch vor dem Einschlafen ein paar Seiten lesen. Unschlüssig griff er nach dem einen oder andern Band, blätterte darin und schob ihn wieder in die Reihe zurück. Er überflog von der obersten Reihe an rasch die Titel auf den Bücherrücken: Meyers Konversations-Lexikon, Gregor Samarow, Bock, »Das Buch vom gesunden und kranken Menschen«, Sacher-Masoch, »Falscher Hermelin«, »Venus im Pelz«, ein paar Bände Wachenhusen, dann eine ganze Reihe »Pittaval«, Meyer »Ober-Italien«, Samson »Geheimnisse des Schaffott«, Hermann Schmid »Das Schwalberl«, »Tisch für Magenkranke«, Vacano »Blaues Blut«, Tolstoi »Die Kreuzersonate« — dann griff er nach Mantegazza, »Hygiene der Liebe«. — Er blätterte ein paar Seiten durch, schloß den Kasten und nahm den Band mit in's Schlafzimmer. Als er beim Ankleidespiegel vorüberkam, blieb er erschrocken stehen; um Gotteswillen! wie sah er denn aus? — Von Kopf bis Fuß nackt, die gelben Handschuhe — und an der linken Hand die breite Goldkette, dazu das gelbseidene Cachenez um den Kopf gewunden, und das fettglänzende Gesicht mit der glühenden Zigarette — unheimlich und lächerlich zugleich!

Wenn ihn jemand *so* sehen würde! — Aber das war nicht zu vermeiden, wenn er heiratete!

Er kauerte in dem großen Fauteuil beim Spiegel und überlegte ... Er konnte ja sein eigenes Schlafzimmer haben; aber auf der Reise? Und dann, man war immer Störungen und Überraschungen ausgesetzt. — Sollte er Theas wegen all' die Maßregeln aufgeben, die nötig waren, wenn er das bleiben wollte, was er war: der »Beau«. Es war nicht so leicht »schön sein« als man dachte.

Wenn er morgens aufstand, badete er, dann duschte er sich, dann wurde er massiert, dann kam der Friseur, dann kamen Nägel und Zähne an die Reihe — und dann erst die Toilette. — Und seine ganze Lebensweise! Diese fast dosierte Nahrung, die sich nach der Gewichtszu- oder —abnahme richtete; jetzt ging er früh zu Bette und schlief ruhig die Nacht hindurch seine acht bis zehn Stunden; und wenn ein Ball oder ein Souper ihn länger aufzubleiben zwang, schlief er den Nachmittag vorher einige Stunden, um abends frisch zu sein. — In seiner jetzigen Lebensweise war alles vorgesehen, alles geregelt; Nahrung, Schlaf, Vergnügen — selbst sein Verhältnis zu Franzi.

Wenn er jetzt heiratete, wurde ja all' das über den Haufen geworfen! — Thea war jung und würde genießen wollen; Theater, Bälle, Konzerte, die Ehe, die Liebe — das alles war ihr noch neu!

Wenn sie ihm sagen würde: »Gehen wir heute in die Oper«, — konnte er ihr doch nicht antworten: »Bitte, wir waren schon zweimal in dieser Woche — heute muß ich schlafen, sonst seh' ich morgen schlecht aus!« — und, wenn sie am Abend mit glühenden Wangen und dem unruhig schwimmenden Glanz in den Augen, an ihn geschmiegt, dasitzen würde — konnte er aufstehen und sich mit derselben Motivierung in sein Schlafzimmer begeben?

Ja, das ginge noch in einer Konvenienzehe, aber wenn man von seiner Frau geliebt wird und sie selbst liebt? — Eines wäre möglich: Abdanken! — Nicht abwarten, bis man alt würde. Wie eine Künstlerin auf der Höhe des Ruhms von der Bühne scheiden und in's Privatleben zurücktreten! — Er wollte nicht mehr der Held des Salons, nicht mehr der »schöne Freddy« sein — nichts mehr als der Mann, als der Liebhaber seiner Frau.

Er stand auf, warf sein Nachthemd über und nahm den Schlafrock.

Ja — aber Thea? Die liebte ja eben *diesen* Freddy, den die Frauen liebten und die Männer beneideten; *den* Freddy, der kalt und berechnend wie eine Kokette die Rollen vertauschte und die Frauen um sich werben ließ, den Freddy mit dem »Siegerblick«!

Er begann im Zimmer auf- und abzugehen; — nein »abdanken« — das ging nicht! — Der blonde Hill hatte das vor zwei Jahren so gemacht. Ein kleines, ganz nettes Mädel, die Tochter eines reichen Vorstadtfabrikanten, die ihm über ein Jahr lang »ordentlich nachgelaufen« war, hatte der geheiratet, seine gesellschaftlichen Beziehungen abgebrochen und sich mit seiner jungen Frau auf sein Gut zurückgezogen! Und dort war ihm dann das Malheur passiert; der kleine Baron Lichtenau konnte die Geschichte großartig erzählen, — wie der blonde Hill an einem Sommernachmittag seine Frau mit dem »freiwilligen Feuerwehrkommandanten« von Gloggersdorf im Feuerlöschrequisitendepot erwischte, — gerade bei der Dampfspritze, die Hill vierzehn Tage früher als Gutsherr der freiwilligen Feuerwehr von Gloggersdorf gespendet!

Wenn man darüber nur nachdachte! Mit einem Feuerwehrkommandanten von Gloggersdorf — dem Gemischtwarenhändler und »Don Juan« des Ortes!

Dem »Don Juan«? daran lag es. — So lange Baron Hill eine Rolle in der Gesellschaft spielte, so lange die Frauen ihre Männer mit ihm eifersüchtig machten und man sich jedes Jahr eine kleine Skandalgeschichte von ihm erzählte, so lange war er seiner Frau begehrenswert erschienen und sie hatte ihn geliebt. — Von dem Momente an, da er sich zurückzog, da er braver Ehemann, solid und gesetzt wurde, ward er ihr lang-

weilig und sie zog ihm den Feuerwehrkommandanten — den Hill von Gloggersdorf — vor?
Das bewies ja noch nichts! — Das war eben dem Hill passiert, — *ihm* würde das nicht ... er blieb stehen und sah nachdenklich vor sich hin; das hatte Hill gewiß auch gemeint ... Aber Thea war auch ganz anders als ...
Ja, aber offenbar hielt jeder seine Frau für »ganz anders«, sonst würde niemand heiraten. Ein Altersunterschied von mehr als zwanzig Jahren war auch gerade keine Garantie für eheliches Glück; siebzehn und achtunddreißig — das ging noch allenfalls, aber in dreizehn Jahren war sie dreißig und er einundfünfzig, — sie eine Frau voll Lebenslust, im gefährlichsten Alter, er »ein Herr, der seine Ruhe liebte.«
Man mußte es nur einmal mit angesehen haben, wenn so ein Paar in einen Salon trat! Die Unruhe die sich aller Junggesellen bemächtigte, — wie sie sich um die Frau drängten und scharten, wie offen alles, was über siebzehn Jahre alt war, um sie warb! Der Mann war ja »über fünfzig«, den konnte sie doch nicht mehr lieben! Da saßen sie dann, die jungen Herren, um sie gedrängt, stolz auf ihre Jugend und jeder sang sein Locklied in anderer Form; der eine mit schwärmerischem Augenaufschlag, der andere heiter und witzig, der dritte aber schwieg und suchte unter dem Tische ihren Fuß, und preßte sie beim Tanzen an sich, als wollte er die unbefriedigte Sinnlichkeit, die sie alle in ihr witterten, noch mehr entfachen. Keine Rücksicht auf den Mann, kein Heucheln, kein Verbergen; offen, hündisch unverschämt, umkreisten sie die Frau, wie eine sichere Beute, in halben Worten sich anpreisend, ihr prahlend ungekannte, inbrünstige Liebe versprechend — und in allen Blicken derselbe Hunger, dieselbe Gier nach dem Ideal ihrer Träume — der verheirateten Frau! die brauchte man nicht zu bezahlen, — denn sie war reich; man hatte nichts

zu fürchten — sie war verheiratet; man konnte stolz sein — denn sie gab sich aus Liebe hin, und man schätzte sie gering, eben — weil man keinen Preis für sie gezahlt! — Er war nicht besser gewesen, wie die andern, er hatte es genau so gemacht. Er kannte diese jungen Mädchen, die alte Männer geheiratet. Im Anfange waren sie wie geblendet von dem grellen Lichte der Erkenntnis, in das all' die Dinge getaucht waren, die eine vorsorgliche ängstliche Erziehung bisher in ein mystisches, heiliges Dunkel gehüllt hatte. Und erst wenn dieser Schreck, das jähe Erstaunen vorüber war, begannen sie nachzudenken, forschend, grübelnd, eigensinnig nach jenen Empfindungen suchend, die ihnen Romane versprachen, die die grob-sinnlichsten Dinge mit übersinnlich vagen Ausdrücken verkleideten.

Das waren noch die feinen, empfindsamen Naturen, die mit sich kämpften und ihre Gefühle niederrangen, und meinten, *nur* ihre »Seele« verlange nach Liebe; die hatten noch Gewissensbisse, wenn sie ihren Mann betrogen; — in den Armen ihres Geliebten, den sie damit zur Verzweiflung brachten, begannen sie von ihrem Manne zu sprechen: wie gut der sei, wie sehr sie ihn achteten, wie schlecht sie selbst seien, daß sie ihn hintergingen — und die Szene, die mit Küssen begonnen, endete mit Tränen.

Von ihren Zusammenkünften — »verbrecherisch« nannten sie sie — brachten sie eine demütige, gutmachenwollende Zärtlichkeit nach Hause, die der nichtsahnende Mann nicht begriff, — wenn sie sich ihm hingaben, geschah es mit einer heißen, abbittenden Inbrunst, die den Mann vielleicht glücklicher machte, als den Geliebten. — Und wenn diese Frauen älter wurden, wenn ihr letzter Liebhaber — ihre letzte Enttäuschung — sie verlassen, flüchteten sie zu ihrem Manne zurück wie in einen sicheren Hafen. — Sie waren ihm so dankbar!

Der hatte sie immer geehrt und geachtet, wenn die anderen für sie jene unvernünftige Mißachtung des Mannes hatten, der eine Frau verläßt und — verachtet, *nur*, weil er sie besessen. Sie waren jetzt beide alt; in ihnen schwieg die Leidenschaft — und die Welt, die jahrelang den betrogenen Gatten bespöttelt, ahnte nicht, daß seine Frau — wie alle Frauen — nach ihrer »letzten« noch eine »allerletzte« Liebe empfand, und daß es diesmal die zu ihrem Manne war.

Freddy seufzte auf. Nicht jedem Manne ging's so gut! — Er hatte auch andere Frauen gekannt. Die haßten ihren Mann von dem Augenblicke an, da sie ihn betrogen. Jede neue Verderbtheit, jedes neue Raffinement, in das sie ihr Liebhaber einweihte, war für sie ein neuer Grund ihren Mann zu hassen, denn das war wieder etwas, was er ihnen verheimlicht, wieder eine neue Sensation, die er ihnen unterschlagen hatte; sie fühlten sich auf das Schändlichste von ihm betrogen.

Und sie verachteten ihn auch! Alles konnten sie verzeihen! Sie begriffen den Dieb, der eine Kasse erbrach, um das Geld mit Dirnen durchzubringen, — und mit dem fünfzigjährigen Sträfling, den man hängte, weil er, nach zehnjähriger Haft entlassen, ein Bauernmädchen geschändet und dann ermordet hatte, empfanden sie sympathisches Mitleid; — das war roh, tierisch, brutal — aber Leidenschaft und Kraft stak darin! —

Aber was stak in dem Manne, an dessen Seite sie lebten, der seine Zärtlichkeit tagelang wie für einen feierlichen Anlaß sparte — und sie achtete? — Achtung?! Sie brauchten keine; lieber Prügel und Liebe! — Freddy stützte den Kopf in die Hände; er hatte mehr Frauen von der zweiten als von der ersten Sorte gekannt. Achtlos griff er nach Mantegazzas »Hygiene der Liebe«, die er aus dem Bücherkasten geholt, er blätterte darin, dann begann er aufmerksam zu lesen. Nach einigen

Minuten schlug er das Buch zu: »Das auch noch!« seufzte er vor sich hin und setzte sich auf den Bettrand.

Nein, es ging nicht, er hatte nicht den Mut, Thea zu heiraten.

Heiraten, in seinem Alter! wenn man die Frauen so kannte, wie er! — Und wenn sie wirklich anders wäre, würde er es ihr glauben, würde ihn nicht immer der Gedanke quälen, daß sie ihn nur geschickter betrüge wie die anderen; — woher den Glauben an die Frau noch nehmen, — woher?!

Eine tiefe Traurigkeit überkam ihn, und mit beiden Armen umschlang er den kleinen Kaprizpolster, der zu oberst lag und drückte ihn an sich — er hätte jemanden da haben mögen, um ihm sein Leid zu klagen. Wen? Freunde? — Er hatte keine; und Franzi —? mit der war's ja aus! — Sie hatte ihn auch selten verstanden — gewiß — wenn er mit ihr von sich, von seinen Empfindungen, sprach, aber sie hörte ihm ruhig zu und strich ihm manchmal mit der weichen, gepflegten Hand über Kopf und Wange: »armer Kerl«, und das tat ihm wohl! —

Sie war eigentlich gar nicht so arg! Sie hatte sich verkauft, oder war vielmehr von ihrer Mutter verkauft worden; aber konnte er es den Leuten, die draußen im Elend aufgewachsen waren, verargen, wenn sie ihr Alter vor Not schützen wollten? — Tugend wärmt nicht und sättigt nicht! — Sie hätte wohl ihr Lebtag freudlos am Waschtrog stehen sollen, wenn sie sah, daß ihre Schönheit allein sie mit *einem* Schlage hinausheben konnte über all' das Elend? Warum verlangte man just von denen, die hungerten und froren, jene große, heroische, unmögliche Tugend? — Für die Mädchen »aus den besseren Kreisen« da war es freilich notwendige Politik »kluge Jungfrau« zu sein, und ihr Lämpchen zu sparen für den Bräutigam, der da kommen sollte.

Aber für Franzi? — Die hätte ja verrückt sein müssen, wenn sie tugendhaft geblieben wäre, nur um — und das wäre ein Glücksfall gewesen — irgend einen kleinen Handwerker zu heiraten, für den sich der Begriff »Jungfrau« mit dem »kein Kind gehabt haben« deckte. — Und dann Kinder und Sorge und Not! — Sie hatte Recht gehabt.

Er setzte sich auf. Wie zornig er vorhin gewesen war und; sie hatte es nicht einmal verdient. Sie lebte ja gar nicht so wie ihresgleichen; weder viel Schmuck, noch große Toiletten, noch Equipage. — Mit den dreitausend Gulden Rente, die sie von ihm bezog, und zirka zweitausend, die sie vom Fürsten hatte, lebte sie kleinbürgerlich, bescheiden, in wohlgeordnetem Haushalt, und unterstützte noch ihre Schwester, die an einen Glasermeister in Hernals verheiratet war. — Sie erpreßte mit ihren Zärtlichkeiten keine Geschenke von ihm; wegen Porzellannippes, die er ihr mitbrachte, konnte sie ihm stürmisch um den Hals fallen und ihn abküssen, daß ihm der Atem verging. — Liebe war das freilich nicht; aber Anhänglichkeit, Dankbarkeit — vielleicht auch etwas Liebe.

Als das Verhältnis zwischen ihnen beiden begann, hatte sie ja die Wahl gehabt zwischen ihm und einem älteren Fabrikanten, der ihr ebenso viel wie er, und noch eine Villa in Dornbach bot, die mindestens fünfzehn bis zwanzigtausend Gulden wert war — und sie hatte ihn vorgezogen.

Freddy lächelte; seine Persönlichkeit mußte also diesen pekuniären Verlust aufgewogen haben.

Er stand vom Bett auf; — und jetzt sollte alles zwischen ihm und ihr zu Ende sein? — Er war gewohnt an sie, an ihre Art, sich ihm hinzugeben, die so unterwürfig, so bereitwillig, so bestrebt, nur *ihm* Lust zu gewähren war, als fühlte sie es, daß sie bezahlt und daß es ihre Schuldigkeit sei; — es lag in ihrem Wesen manchmal ein naiv verderbtes Erstaunen darüber, daß sie mitempfand — und diese Dankbarkeit der gesättigten Sinnlichkeit, die sie ihm so offen zeigte, schmeichelte ihm und zog ihn zu ihr hin. —

Und dann — sie waren zusammen jung gewesen, die Erinnerung band sie aneinander; sie war jahrelang die Geliebte des »schönen Freddy« gewesen, sie — und *sie allein* — war verpflichtet, auch die Pflegerin des alten und kranken Freddy zu sein.

Er sehnte sich nach ihr. Das große Schlafzimmer erschien ihm so unheimlich, so einsam. Er hätte sie neben sich haben mögen, nur, um in ihren Armen ruhig einzuschlafen, und noch im Halbschlummer zu spüren, wie ihre kleine, weiche Hand die seine festhielt.

Er ging zum Schreibtisch und trug das Päckchen Banknoten in die Kasse zurück; einen Hunderter ließ er draußen liegen. Vorgestern hatte ihr auf dem Kohlmarkt eine goldene Hutnadel so außerordentlich gefallen; die mußte er ihr kaufen, er hatte ihr schon so lange nichts geschenkt.

Er sah sich um; — wie öde! Wäre es nicht besser, mit Franzi zusammen eine größere Wohnung, mit zwei Eingängen natürlich, zu nehmen? —

Ein starkes, polterndes Rollen! Freddy fuhr erschreckt auf und sah durch die Spalten der Jalousien. Drüben der Greißler hatte den Rolladen in die Höhe geschoben und spannte seinen Hund in den Wagen, um in die Großmarkthalle zum Einkauf zu fahren. Freddy griff nach dem Leuchter; die Kerze war herabgebrannt, — nahm seine Kleider über den Arm und trug sie in's Vorzimmer. Gewohnheitsgemäß suchte er in den Taschen, ob er nichts vergessen habe. Aus der Westentasche zog er ein Stückchen weißen Crêpe de Chine — von Theas Kleid — er lächelte traurig, dann fuhr er damit über die Schreibtafel und schrieb von neuem: »Morgen Camelias bestellen, für Mittag. Adresse wie gewöhnlich«!

Er ging in's Zimmer zurück; an der Schwelle blieb er stehen; dicke Rauchwolken schwebten, übereinandergeschichtet, im Zimmer, und es roch nach Tabak. Er spürte einen bitteren Geschmack im Munde: die Zigarette, die ihm längst ausgegangen war; er setzte sie an der Kerze in Brand. Auf dem Tische stand der Sherry; er nahm einen Schluck — wie eklig süß — wie fad! — Nachlässig warf er die Zigarette hin; sie erlosch zischend im Weinglas.

Wie wohl ihm vorhin die laue, milde Luft draußen getan! — Er öffnete das Fenster. Ein eisiger Luftstrom brach herein, draußen lag bleigrauer Nebel — und Regen, mit kleinen, prickelnden Eisnadeln vermischt, fiel langsam vom Himmel herab. —

Dezember 1891.

Günter Helmes

Schönheit — Glaube — Liebe: Sinn.
Hinweise auf Leben und Werk Richard Beer-Hofmanns.[1]

> Man konnte das 6000jährige jüdische Erbe nicht verleugnen; aber ebensowenig kann man das 2000jährige *nicht-jüdische* verleugnen. Wir kommen eher aus der »Emanzipation«, aus der Humanität, aus dem »Humanen« überhaupt, als aus Ägypten. Unsere Ahnen sind Goethe Lessing Herder nicht minder als Abraham Isaac und Jacob.[2]

1

Diesen Zeilen Joseph Roths, geschrieben an Stefan Zweig am 22. März 1933 und damit einen Tag vor jenem »Gesetz zur Behebung der Not von Volk und Reich«, das als »Ermächtigungsgesetz« den Beginn des 'legalen' faschistischen Terrors in Deutschland markiert, hätte Richard Beer-Hofmann wohl vorbehaltlos zugestimmt; vorbehaltlos wohl auch deshalb, weil er, der nach dem Anschluß Österreichs ins Exil getrieben wurde und seit Ende 1939 in New York lebte, mit den Jahren diesen Zeilen noch eine ganz andere Bedeutung abgewonnen hätte: die, wenn bei ihm auch von Zweifeln und Ohnmachtsgefühlen beschattete, Bitte[3] um Glauben daran nämlich, daß es trotz Vertreibung und Völkermord auf Dauer auch niemandem gelingen werde, die »Humanität«, die selbst immer wieder thematisierte und vorgelebte Idee eines liberalen Weltbürgertums zu verleugnen oder zu verleumden.

Am 11. Juli 1866 in Wien als Sohn des jüdischen Rechtsanwalts Hermann Beer geboren und — nach dem frühen Tod der Mutter — bei seinem Onkel Alois Hofmann in Brünn aufgewachsen, verkörpert der Österreicher und jüdische Dichter deutscher Sprache Richard

Beer-Hofmann in Leben und Werk wie nur wenige eine Symbiose europäischer Kulturtraditionen, die nicht als Relationismus aus der durch Geschichte, Herkunft und Überzeugung mitgestalteten Formung gerät, sondern durch Erinnerung, Treue und Bekenntnis − Bekenntnis zur jüdischen Tradition zumal − feste Konturen und eine austarierte Struktur entwickelt. Im Sinne einer solchen konzeptionellen, auf wohlbedachte Gewichtung angelegten Symbiose, die Alternativen wie Assimilation, Zionismus oder Orthodoxie ausschloß und auf jüdische Identität als einem kulturell-geistigen Band setzte, das sich aus der Verpflichtung auf das alttestamentarische Wort, aus der vitalen Begegnung mit anderen Kulturkreisen wie aus der selbstbewußt vorgetragenen Offensive gegen die zusehends aggressivere antisemitische Zeitwirklichkeit bestimmte, konnte Beer-Hofmann bereits nach dem Ende des Ersten Weltkriegs schreiben:»Wenn ich nicht mehr bin, und wenn die, die dann Deutsch lesen, mich zu den ihren zählen wollen, dann werde ich eben ein deutscher Dichter gewesen sein. Eines aber werde ich vor vielen anderen voraushaben − daß ich mich anlehnen kann an eine so lange Reihe von Vorfahren, die unter Bedrängnissen aller Art ihren Gott nie preisgegeben haben.«[4]

Freilich, als der äußerst skrupulöse Beer-Hofmann diesen Blick über das eigene Grab hinaus in die Zukunft von Werk und literarisch-kulturellem Leben im deutschen Sprachraum wagte, war nicht vorauszusehen, daß sein Werk wie die eigene Lebenshaltung in der zweiten Jahrhunderthälfte nur noch auf eine schwache Resonanz[5] stoßen würden, eine Resonanz, die zumal in Deutschland Anlaß dazu hätte geben müssen, von einem exemplarischen in Vergessenheit geraten, von dem Fall des »homo judaicus«[6] Richard Beer-Hofmann zu sprechen.

Beer-Hofmann war am Ende des Ersten Weltkriegs ein hochgeschätzter Autor von beträchtlicher Wirkung (Hofmannsthal, Rilke); er hatte mit seiner Erzählung *Der Tod Georgs* (1900) für die deutschsprachige Literatur eine erzähltechnische Innovationsleistung von wegweisender Bedeutung (erlebte Rede, innerer Monolog) vorgelegt und zudem mit seinen *Novellen* (1893), dem *Schlaflied für Mirjam* (1898) und der Tragödie *Der Graf von Charolais* (1904)[7] beachtliche Kritiker- und Publikumserfolge erzielt. Daher war seine wie selbstverständlich formulierte Annahme, auch von künftigen Generationen noch gelesen zu werden, alles andere als der Ausdruck eines unangemessenen Selbstwertgefühls oder der einer kurzsichtigen Zeitgenossenschaft. Sie bewegte sich vielmehr mit Bedacht innerhalb der Grenzen rezeptionsgeschichtlicher Prognostik und eines allseits anerkannten, letztlich auf Vernunft und Sinn setzenden historischen Vorstellungsvermögens. Innerhalb dieser Grenzen aber schienen — trotz völkischer 'Kulturblüte' seit der Jahrhundertwende und gewalttätiger werdender Übergriffe auf Juden — die nur eineinhalb Jahrzehnte später einsetzende, systematische Vernichtung der Juden und ihrer Kultur im faschistischen Deutschland als dem Resonanzboden auch seines Werkes[8] und der sich anschließende, jüdische Dichtung im besonderen treffende, kollektive Gedächtnisverlust Deutschlands in den Nachkriegsjahrzehnten unvorstellbar.

2

Als der finanziell unabhängige Richard Beer-Hofmann, der gerade erst von der Wiener Universität zum Dr. jur. promoviert worden war, im Herbst 1890 Schnitzler, Hofmannsthal, Andrian, Bahr und andere aus dem Kreis des »Jungen Wien« kennenlernte, hatte er selbst noch keine literarischen Werke vorgelegt. Dennoch wurde er schon bald für etliche dieser Autoren zu einer unbestrittenen kritischen Autorität. Diese Wertschätzung für seinen Sachverstand, ja die Verehrung für seine Person[9] nahmen noch zu, als 1893 die beiden hier noch näher zu charakterisierenden Novellen *Camelias* (1891) und *Das Kind* (1892/93) in einem Band erschienen. Nicht allein Freunde und die zeitgenössische Kritik reagierten »überaus positiv«[10] auf Beer-Hofmanns erste Buchpublikation[11], sondern auch das Lesepublikum. Bereits 1894, also ein Jahr nach dem Erstdruck, erschienen die *Novellen* in einer zweiten Auflage.

Wenn sich Beer-Hofmann dennoch im Alter nicht mehr zu diesen literarischen Erstlingen bekennen und sie nicht in eine bereits geplante Ausgabe der *Gesammelten Werke* aufgenommen sehen wollte, so waren dafür wahrscheinlich weniger ästhetische als vielmehr weltanschauliche Gründe verantwortlich. Offensichtlich konnte ihn bereits bald nach der Fertigstellung des Novellenbandes[12] vor allem der Schluß von *Das Kind* nicht mehr überzeugen; die dort favorisierte Akkumulation rein persönlicher, »sonnige[r] Erinnerung[en]« und die ihr zugrundeliegende Reinthronisation von Schönheit als bzw. anstelle von Sinn wurde als Antwort auf die problematisch gewordene Existenz des Augenblicksmenschen Paul[13] und auf die mit ihr verbundenen Fragen nach »Vitalität und Untergang, Lebensgier, -ekel und -kunst, Überleben, Natur und Moral«[14] − nach dem Tod also letztendlich − verworfen. Beer-Hofmann sah sich daher veranlaßt, das komplexe Thema erneut anzugehen. Das Ergebnis dieses Revisionsprozesses sind das stark autobiographisch bestimmte[15] *Schlaflied für Mirjam* und vor allem *Der Tod Georgs*, die mit ihren Schlüssen, der Hinwendung zum Judentum als der Antwort auf die aufgeworfenen Fragen, geradezu als Negation von *Das Kind* gelesen werden können.

Während die ersten drei Strophen des *Schlafliedes* noch einmal das Motiv des Todes und das Wissen des lyrischen Subjekts um radikale Vereinzelung, Vergeblichkeit und Vergänglichkeit entfalten, liefert die vierte Strophe durch die Erkenntnis der Zugehörigkeit »zum Judentum als überindividueller Idee«[16] den »Triumph«[17] einer (Er-)Lösung aus narzißtischer Isolation. Sie gibt damit in nuce erstmals jene Antwort Beer-Hofmanns auf das Lebensgefühl und die Geisteshaltung des Fin de siècle wieder, die für sein weiteres Leben und alle künftigen Werke grundlegend sein sollte. Umrahmt von den direkten Ansprachen an die Tochter Mirjam heißt es in dieser vierten Strophe:

Ufer nur sind wir, und tief in uns rinnt
Blut von Gewesenen − zu Kommenden rollts,
Blut unserer Väter, voll Unruh und Stolz.
In uns sind Alle. Wer fühlt sich allein?
Du bist ihr Leben − ihr Leben ist dein − − −

Ethnozentrische oder nationalistische Vorstellungen höchstens vordergründig ansprechend, konzentriert sich hier in der »Blut«-Metapher vor allem doch die über Jahre erarbeitete, durch die Bekanntschaft mit seiner späteren Frau Paula Lissy 1895 nachhaltigst beförderte[18] Erinnerung des Autors daran, als einzelner in einem dynamisch-dialogischen, ideellen Zusammenhang mit »Allen«, den Vergangenen, Gegenwärtigen und Zukünftigen, stehen zu können, einem Zusammenhang, der in mehr als einem Sinne für das Aufgehoben-Sein in einer jüdischen Ahnen- und Nachkommenschaft bürgt.

In der Erzählung *Der Tod Georgs*[19] wird dieser Neuansatz Beer-Hofmanns weiter entfaltet. Der Hauptfigur Paul ist es auferlegt, die Abkehr von jenem ichbezogenen und darum nach wie vor dem Vergessen anheimfallenden Erinnerungstypus zu vollziehen, der dem Paul in *Das Kind* noch als Antwort auf seine existenziellen Krisen erschienen war. In *Der Tod Georgs* dagegen erscheint diese Antwort selbst als das zentrale, allen Wirrnissen gereihter Augenblicke noch vorgelagerte Problem. Pauls Krise hier ist daher keine, die — wie im *Kind* — unmittelbar an eine Abfolge aktueller Geschehnisse gebunden wäre. Es ist vielmehr eine Krise, in der die Frage nach der Überwindung einer Augenblicksexistenz schlechthin, das heißt die Frage nach der Art und dem Stellenwert von Erinnerungen als die existenzielle Kardinalfrage nach Permanenz, Glück und Sinn erfahren wird. Für die Hauptfigur Paul, der von Anfang an ein Erinnernder ist, besteht die durch den plötzlichen Tod des Freundes Georg ausgelöste, mit diesem jedoch nicht in eins fallende Krise daher darin, »daß er seine Erinnerungen anders gruppieren muß: Hatte er sie bisher solipsistisch auf sich bezogen, rücken sie am Ende in einen Prozeß des kollektiven Erinnerns ein.« Das auch in Paul kreisende Blut der Väter wird nun »buchstäblich Träger der Erinnerung«[20] und bürgt für »Ruhe und Sicherheit«, so, »als läge eine starke Hand beruhigend und ihn leitend auf seiner Rechten; als fühle er ihren starken Pulsschlag. Aber was er fühlte, war nur das Schlagen seines eigenen Bluts.«[21]

Zu diesem durch das Blut 'mitgeteilten' Wissen[22] um die dialektische Durchdringung von Eigenem und Fremdem in der Zugehörigkeit zum jüdischen Volk tritt in *Der Tod Georgs* als ein weiteres, über die Zeiten individuelle wie kollektive Identität stiftendes Element die Überzeugung von der »Gerechtigkeit« Gottes und das Empfinden der »ewigen Gesetze« hinzu, »die durch alles klangen.«[23] Dadurch wird die hinter den poetischen Konkretionen aufscheinende Argumentation Beer-Hofmanns auf eine neue Stufe gehoben. Wurde die Zugehörigkeit zum jüdischen Volk bislang in ihrer psycho-sozialen Funktion für ein sich selbst zum Problem gewordenes narzißtisches Bewußtsein dargestellt, so kommt sie nun als Fundament eines universalen geschichtsphilosophischen Konzepts, einer »poetische[n] Theodizee des Judentums«[24] in den Blick. Damit fällt jener Verdacht von Austauschbarkeit und damit Beliebigkeit von ihr ab, der ihr im bloßen individual-funktionalen Argumentationskontext anhaftete. Das als notwendig beschworene, von »Gerechtigkeit« geprägte Verhältnis zwischen Gott und jüdischem Volk bannt die (scheinbare) Kontingenz des Verhältnisses von einzelnem und Ahnen.

Es ist dieses Projekt einer »poetische[n] Theodizee des Judentums«, das Beer-Hofmann seit der Jahrhundertwende über nahezu vier Jahrzehnte in seinen Bann schlug[25] und das die intellektuelle Physiognomie der Werke dieser Zeit wie Beer-Hofmanns Selbstverständnis als Autor bestimmte.[26]

Schon in der Tragödie *Der Graf von Charolais* (1904)[27] spielt der Gedanke von der »Gerechtigkeit« (Gottes) eine wichtige Rolle, so in dem Versuch, durch die Rückbesinnung auf das historische Schicksal der Juden auf den zeitgenössischen Antisemitismus und auf Strategien seiner Bewältigung zu antworten. An der Figur des »Roten Itzig« wird gezeigt, daß Juden die Möglichkeit zur Integration immer schon verwehrt worden ist, weil ihnen selbst die Berufung auf geltendes Recht als Unmenschlichkeit und Ausdruck eines üblen Charakters ausgelegt wird — auch von einem 'Gerechten' wie Charolais. Itzig ist zu dem von ihm abverlangten mitmenschlichen Großmut schon deshalb nicht in der Lage, weil er um die Kurzlebigkeit der Akzeptanz von Assimilationsversuchen weiß: »nur für fünf Minuten, / Die's Euch g'rad paßt«.[28] Vor allem aber ist ihm bewußt, daß Assimilation einer Preisgabe seiner Identität als dem Bewußtsein kollektiver (Leidens-)Geschichte gleichkäme.[29]

So nachvollziehbar Itzigs Pochen auf das positive Recht vor diesem Hintergrund aber auch ist, so unbefriedigend ist es allerdings am Maßstab jener höheren Gerechtigkeit, die der Schluß von *Der Tod Georgs* emphatisch gar als Weltordnung behauptete. Doch teilt Itzig dieses Schicksal, ohne persönliche, moralische Schuld dennoch 'ungerecht' zu handeln, mit anderen zentralen Figuren der Tragödie, im besonderen mit Charolais und Rochfort. Wie für Itzig, gilt auch für jene, was eine Nebenfigur, ein einstmals gefeierter Sänger, über das eigene Schicksal als einer »klare[n] Präfiguration des Kommenden«[30] sagt:

> »Wie bin ich denn? Was wißt Ihr,
> Wie ich bin? [...] Weiß ich's selber denn? Ich weiß
> Nur, wie ich war!
> [...]
> Herr, ich war gut! nicht stolz!
> [...]
> Nicht geizig, Herr! Mit vollen Händen gab ich!
> Kein Spötter! Gläubig sang im Dom ich mit
> Das Lob des Herrn, der mir Gesang verliehen – –
> mit bittrem Lachen
> Es blies ein Wind, ein Frühlingswind und nahm
> Die Stimme mir – und mit ihr alles!
> [...]
> Wie Ihr, hatt' ich auch Ekel vor Gemeinem –
> Und alles dies zerblies ein Wind in nichts! – –
> Wie bin ich? wie seid Ihr? [...] Wißt Ihr's?
> [...]
> Seid Ihr
> So sicher, daß kein Wind Euch Lügen straft?[31]

Der sei es auch 'gute', im Vertrauen auf Gott und seine Gerechtigkeit handelnde, Mensch als hilflose Kreatur, als Spielball eines unergründlichen, unberechenbaren und auch grausamen Schicksals: an diesem Motiv spricht Beer-Hofmann in *Der Graf von Charolais* die dann im Zyklus *Die Historie von König David* zentral verhandelten Themen an, wie die (im *Tod Georgs* noch 'naiven') Vorstellungen eines allmächtigen und gütigen Gottes und einer gerechten Weltordnung mit der Erfahrung eines chaotischen, von Leiden durchtränkten Weltenganges zusammengedacht werden können, und wie sich ein einzelner (bzw. ein Volk), zumal ein leidender, dieser Vorstellung wie dieser Erfahrung gegenüber verhalten soll. Im *Charolais* noch ist es die Selbstgerechtigkeit einzelner[32] und deren damit verbundene Hoffnung auf innerweltliche Belohnung, die in die Katastrophe und dort zu der Erkenntnis führen, daß ein jeder – und der 'Gerechte' nicht minder – der Gnade Gottes bedarf:

Es scheint, er liebt es nicht, wenn man zu viel
Von ihm spricht – sei's mit Beten oder Fluchen!
Zu Sichres haßt er – und ein allzusehr
Auf ihn vertrauen – – nennt er: Ihn versuchen!33

Gott deutet sich als einer an, der gerade auch in jenen Schicksalsfügungen waltet, die nach menschlichem Maß jedem Recht und jeder Moral Hohn sprechen. Auch irdische Not und Leiden, so wird nahegelegt, sind Ausdruck seiner Gerechtigkeit, ja weisen gar auf ein besonderes Verhältnis Gottes zu den Betroffenen hin.

Unternimmt es Beer-Hofmann demnach im *Charolais*, aus der Widersprüchlichkeit von ('naiver') Gottes- bzw. Gerechtigkeitsvorstellung und Welterfahrung heraus und gegen menschliche Selbstgefälligkeit auf die 'wirkliche' Natur Gottes und seines Weltbezugs zu verweisen, so fällt den vollendeten Teilen der *Historie – Jaákobs Traum, Der junge David* und *Vorspiel auf dem Theater zu König David*34 – die Aufgabe zu, diesen angedeuteten, andersartigen Begriff Gottes und das sich daraus ableitende Verhältnis zwischen Mensch und Gott zu begründen bzw. in seinen 'historischen' Konkretionen vorzuführen. An der (Vor-)Geschichte des jüdischen Volkes, das paradigmatisch sowohl für irdisches Leiden (Verfolgung) wie für irdische Glücksansprüche (Erwählung), wie für Zweifel an einer gerechten Weltordnung (Hiob) steht, versucht Beer-Hofmann dabei unter Berufung auf den durch ein prozessuales, gleichgewichtiges Gott-Mensch-Verhältnis (s. u.) bestimmten Gerechtigkeitsbegriff des Alten Testaments, seiner Vorstellung eines trotz aller widersprechenden Erfahrung sinnerfüllten Weltengangs als der Voraussetzung individueller wie kollektiver Identität Überzeugungskraft zu verleihen. Das Thema der *Historie* ist damit »die nationale Heils-Geschichte Israels auf der Grundlage des zwischen den Erzvätern und Gott geschlossenen alten Bundes, in der sich die Geschichte Israels sinnhaft erfüllt.«35

Im Drama *Jaákobs Traum*36, das mit dem alttestamentarischen Patriarchen und Ahnherren Davids Jakob den Erzvater Israels schlechthin zur Hauptfigur hat, steht die durch den Betrug am Bruder Esau anrüchig gewordene väterliche Segnung Jakobs – und damit letztlich die Erwählung Israels selbst – im Zentrum der Argumentation. In seinem Bemühen, Jakobs Erschleichung des väterlichen Segens zu entschuldigen und damit auch die mit dem Segen verbundene Auszeichnung Jakobs als unproblematisch erscheinen zu lassen, kann Beer-Hofmann dabei vor allem im ersten Teil des Stückes nicht umhin, im Sinne einer »mystische[n] Konzeptualisierung« von der alttestamentarischen Überlieferung abzuweichen; im besonderen trifft dies auf die hier entscheidende Segens-Vorstellung Rebekahs zu, zu der es im alttestamentarischen Material keine Entsprechung gibt.[37] Wird so im ersten Teil die Vorgeschichte der Erwählung Jakobs einer zwar kritischen, so doch auf Rechtfertigung zielenden Prüfung unterzogen, so verhandelt der zweite Teil — das eigentliche Traumgeschehen des Dramas — in der Auseinandersetzung Jakobs mit den Verheißungen der Erzengel und des gefallenen Engels Samáel die (funktionale) Natur dieser Erwählung. Erwählung erweist sich dabei als doppelgesichtig, sind in ihr doch Glück und Freiheit, Gefangenschaft und Leiden in dialektischer Verflechtung immer schon mitgedacht. Angesichts einer Schöpfung, die wohl der Anlage nicht aber der Realisierung nach als vollendet begriffen wird, fällt es dem Erwählten paradoxerweise zu, im Mitleiden mit der Schöpfung zugleich als Stellvertreter für die Gerechtigkeit Gottes zu zeugen, wie Gott für die Unfertigkeit der Schöpfung zu entschulden. Durch diesen Aspekt der Entschuldung Gottes aber kann Erwählung nicht länger mehr als ein Vorgang nur in einer Richtung begriffen werden. So wie der Mensch Gott, braucht auch Gott den Menschen, in dessen freie Entscheidung es damit gestellt ist, seinem Leben dadurch Sinn zu geben, daß er als — Gott bezeugendes — Opfer des brüchigen Weltengangs die Schuld Gottes auf sich nimmt.

Jakob in *Jaákobs Traum* nimmt im Bewußtsein seiner Freiheit diese Rolle des Erwählten an und bezeugt damit eine Identität mit Gott, die sich als kollektive Sinnstiftung (und damit als Antwort auf das Theodizee-Problem) auf Israel, sein Volk und dessen Geschichte, überträgt. Diese Geschichte ist insofern sinnvoll, als sie entsühnend auf die Gerechtigkeit Gottes und seiner Ordnung und damit auch auf die Möglichkeit eines universalen, heilsgeschichtlichen Verlaufs des Weltenganges verweist.

Gelingt es dem Erwählten[38] Beer-Hofmann in der ersten Hälfte der dreißiger Jahre in *Der junge David* auch noch, die in *Jaákobs Traum* begründete Utopie eines am Ende doch zielgerichteten und damit sinnvollen Geschichtsverlaufs durch den 'Nachweis' eines sinnvollen, das heißt allen Erlösung verheißenden Lebens fortzuschreiben — gegen Davids Leiden und individuellen Glücksanspruch steht Ruths »Über allen Segen / Thront noch ein Segen: andern Segen sein!«[39] —, so scheinen die dramatischen politischen und persönlichen Ereignisse der zweiten Hälfte des Jahrzehnts doch »dem großen Projekt einer jüdisch-nationalen Sinnstiftung die Substanz entzogen zu haben.«[40] Die Utopie einer Erlösung der Schöpfung durch eine »Theodizee des Judentums« als Antwort auf den Antisemitismus und auf Akulturation und Assimilation als Strategien seiner Überwindung wird in dem Maße brüchig, wie sich das »andern Segen sein« von einer politisch-gesellschaftlichen zu einer privaten Erfahrung hin verengt. Beer-Hofmann bricht die Arbeit an der *Historie*, die er noch wenige Jahre zuvor glaubte, zügig beenden zu können[41], im amerikanischen Exil ab. An ihre Stelle tritt gewissermaßen das Erinnerungsbuch *Paula*, der Versuch einer Sinnstiftung für das eigene Leben durch das Gedenken an den Segen, den die Liebe ihm und seiner Frau Paula über mehr als vier Jahrzehnte gewährte.

Paula, das erst 1949 postum veröffentlicht wurde, ist in dieser Perspektive nicht allein das bewegendste Buch Beer-Hofmanns, sondern auch jener Text, der alle vorhergehenden bewahrend überschreibt. Autobiographie und Biographie, Dichtung und Wahrheit in einem[42], ist es die 'poetische Theodizee' zweier Leben, die im Glauben aneinander zusammenwuchsen und so — en miniature — von einer möglichen Ordnung und einem möglichen Sinn menschlichen Lebens schlechthin, von Geborgenheit, Schönheit und Glück zeugen.

3

Von den beiden hier wieder vorgelegten Novellen Beer-Hofmanns ist *Das Kind* sicherlich die bedeutendere. Das liegt zum einen daran, daß in *Camelias* trotz aller Verweisungsdichte keine ausgreifende ästhetische Spannung vorhanden ist. Vielfalt und Mehrdeutigkeit werden an eine Erzählstrategie zurückgebunden, die an die Stelle des offenen Sowohl als Auch einläßlicher, 'flächiger' Darbietungsformen die ausgeklügelte Struktur einer vorab bereits abgeschlossenen, pyramidalen Argumentation setzt. Zum anderen reicht das Problembewußtsein in *Camelias* weder dem Gewicht noch der Komplexität nach an das im *Kind* heran.

Dem Stoff nach handelt die 1891 entstandene Novelle vom »schönen Freddy«, einem alternden, Alter und Imageverlust fürchtenden Dandy, der sich in einer Vorfrühlingsnacht vor die Entscheidung gestellt sieht, ob er eine Ehe mit der siebzehnjährigen Thea eingehen oder sein Verhältnis mit der von ihm vor dreizehn Jahren 'gemieteten' Mätresse Franzi Langer fortführen soll. Wie später in *Das Kind*, spielt dabei auch in *Camelias* — dem Naturalismus geschuldet — die soziale Frage im Umfeld des 'Nutzungsvertrags', den der Dandy Freddy mit seiner aus ärmlichen Verhältnissen stammenden Mätresse eingegangen ist, eine gewisse Rolle. Doch wie dort, konzentriert sich auch hier das hauptsächliche Interesse auf das vielschichtig miteinander verwobene Innenleben (Erinnerungen, Assoziationen, Intuitionen, Gefühle, Gedankenströme, Imaginationen, Reflexionen etc.) des Protagonisten und die Art und Weise (z. B. memoire involontaire), wie dieses Innenleben in Gang gesetzt wird. Wahrnehmungs- und denkpsychologisch ist dabei von besonderer Bedeutung, daß Freddys Beobachtungen und Urteile beliebig und widersprüchlich erscheinen. Sie sind in der zu erwägenden Angelegenheit nicht etwa gegenstandsadäquat und entscheidungskonstitutiv, sondern integraler Bestandteil einer (unbewußten) Strategie, die im vorrationalen Raum getroffene Entscheidungen post eventum zu legitimieren sucht. Mit der Figur des Freddy weist Beer-Hofmann daher nicht allein eine Psychologie zurück, die sich — wie vermittelt auch immer — am ratiofixierten Menschenbild der Aufklärung orientierte, sondern partizipiert auch an der Entwicklung eines neuen Verständnisses menschlichen Handelns, für die stellvertretend Namen wie Schnitzler und Freud stehen.

Im zentralen mittleren Teil der Novelle, der vordergründig Freddys Vorbereitungen zur Nachtruhe zum Gegenstand hat und der schon auf Beer-Hofmanns hohe Kunst des verweisungsdichten, ironischen Erzählens vorausdeutet, entkleidet sich Freddy nicht nur rein äußerlich, sondern gibt auch mit jedem abgelegten Kleidungsstück – zuletzt seinem Mieder – sukzessive die ganze Künstlichkeit seiner Persönlichkeit preis. Es wird überdeutlich, daß der »schöne Freddy« ein kokottenhafter, durch und durch in Maskeraden, Stilisierungen und Inszenierungen lebender Narziß ist, ein übernervter Pedant, der als Typus sowohl hinter die für notgeborenen Pragmatismus stehende Franzi als auch hinter die das neue zeitgenössische Ideal der Natürlichkeit verkörpernde Thea zurückfällt. Bei Freddy selbst geht die Einsicht in seine Persönlichkeitsstruktur freilich bei weitem nicht so tief. Er erkennt lediglich, daß er ein im Gedanken einer Eheschließung mit Thea gefaßtes, mögliches Leben in Aufrichtigkeit, Liebe und nach eigen(tlich)en Bedürfnissen immer schon durch die angenommene Rolle des Dandy verwirkt hat; es ist der Dandy, den man an ihm schätzt und liebt, und nicht etwa ein sich dahinter verbergendes, anderes Selbst. Dandy und Gesellschaft, Schauspieler und Publikum sind in einem als offene Bühne aufgeschlagenen Leben in einer spiegelbildlichen Weise aneinander gekettet, die den schönen (Wider-)Schein als Substanz behauptet und daher um den Preis des Scherbenhaufens keinerlei Politurverlust vertragen kann. Da diese Rolle also für Freddy bzw. diese Rollenerwartung für andere übermächtig ist, findet Freddy nicht zu einem neuen, auf Selbstbestimmung und Natürlichkeit aufbauenden Lebensentwurf und tastet sich unter sentimentalen Verbrämungen in das zumindest »Anhänglichkeit« und »Dankbarkeit« gewährende Verhältnis zu seiner Mätresse zurück. Wie das Betreten des (Gesellschafts-)Theaters und das Verweilen dort, hat auch der Gang von der Bühne als öffentlichem Raum in die ungeschminkte Intimität der Garderobe seinen Preis: die kränkelnde Institution Theater will subventioniert, die Maskenbildnerin durch regelmäßige Aufmerksamkeiten – Camelias eben – bei Laune gehalten sein.

Problematisiert *Camelias* dergestalt die Existenzform des Dandy noch aus einer Augenblickssituation, das heißt letztlich aus einer dandyistischen Position heraus, für die Altern noch nicht mehr bedeutet als die graduelle Einbuße an Schönheit, Liebe und Ansehen – sozialen Tod gegebenenfalls –, so stellt die Novelle *Das Kind*

(1893/94) aus einem existenziell-philosophischen Blickwinkel heraus die grundsätzliche Frage nach dem Lebenswert dieser (und implizit anderer) Lebensform(en) selbst. Sie tut dies, indem diese Lebensform in Gestalt des im Gegensatz zu Freddy noch jungen, doch bereits von Lebensverdrossenheit befallenen Paul mit der extremsten Verneinung von individueller wie sozialer Existenz überhaupt — dem physischen Tod — konfrontiert wird. Dabei spricht es für den virtuosen Erzähler und Dramaturgen Beer-Hofmann[43], daß er seine Fragestellung an einem Motiv entfaltet — aus dem kompromittierenden und daher ängstlich gehüteten Verhältnis eines zum Müßiggang freigesetzten jungen Mannes aus 'besseren' Kreisen mit einem Dienstmädchen ist ein Kind hervorgegangen —, das auf Zeitgenossen bereits völlig ausgereizt wirkte.[44] Indem aber gleich zu Anfang der Novelle der Tod des Kindes mitgeteilt wird, verlagert Beer-Hofmann nicht allein den erzählerischen Höhepunkt gängiger Versionen dieses Motivs in den Erzählbeginn, sondern sorgt vor allem für jenen Sachverhalt, der erst den unmittelbaren Anlaß für den (Selbst-)Erfahrungsgang des bereits in Sinnkrisen verstrickten Protagonisten Paul als dem zentralen Thema abgibt.

Beer-Hofmann hat der Novelle *Das Kind* als Motto Vers 2724 aus Goethes *Faust I* vorangestellt: »Sind wir ein Spiel von jedem Druck der Luft?« Wie der Novellenverlauf auf unterschiedlichste Weise belegt, hat Beer-Hofmann Goethes Vers keineswegs etwa als ornamentales Bildungsgut angeführt, sondern als ernstzunehmende Verständnishilfe für den eigenen Text. Es zeigt sich nämlich, daß das Problem des Risses zwischen Ich, Welt und Transzendenz, das auch für den *Faust* konstitutiv ist, in *Das Kind* die Zentralperspektive des Autors bestimmt, mit dem Unterschied freilich, daß es hier ohne den einfriedenden Hintergrund eines »Prologs im Himmel« ganz in das von Dissoziation bedrohte Ich Pauls verlagert ist. Im *Kind* geht es daher nicht mehr spornstreichs darum zu erkennen, »was die Welt / Im Innersten zusammenhält« (V. 382f.), sondern darum, den Zusammenhalt des Ich als der transzendentalen Bedingung der Möglichkeit einer Welt-Anschauung zunächst überhaupt einmal zu stiften. In einer geistigen Atmosphäre, die nachhaltig durch Hermann Bahrs griffige Mach-Formel vom »unrettbaren Ich« geprägt ist, ist damit auch der »Anfang« nicht länger mehr in der nach außen gerichteten »*Tat*« (V. 1237) zu suchen, sondern muß vielmehr durch einheits- und dann auch erkenntnisbildende Introspektion und gegen solipsistische Vereinzelung allererst erkämpft werden. Dieser 'Kampf' Pauls um Einheit mit sich selbst und ein von Sinn geprägtes Leben, um Erkenntnis des 'Lebens' und Erlösung aus sozialer Isolation macht das eigentliche Erzählgeschehen in *Das Kind* aus. An die Novellendefinition Tiecks erinnernd, hat Beer-Hofmann dabei die Stationen dieses 'Kampfes' – Destruktion falscher Selbstbilder einerseits und Konstruktion einer neuen 'Wahrheit' andererseits – um einen ins Auge springenden Wendepunkt in der Textmitte gruppiert. Versuchte Paul bis dahin, sein Heil im Distanz zum Leben zementierenden Ignorieren, Verdrängen und Vergessen der ihn bestürmenden Fragen und Gefühle zu suchen, so beschließt er nun, sich Klarheit über die eigene verselbständigte Gefühls- und Gedankenwelt zu verschaffen. Mit dieser Entscheidung, die auf dem Tiefpunkt seiner seelisch-geistigen Befindlichkeit als der größtmöglichen Leere an verbindlichem Wissen über sich selbst und die 'Natur' des Lebens fällt, setzt sein bis zum Novellenende den Erzählgegenstand abgebender 'Heilungsprozeß' ein. Dieser 'Heilungsprozeß' vollzieht sich auf drei Stufen des Erkennens und kann als Negation unzulänglich gewordener Modellbildungen beschrieben werden. Am Ende dieses triadischen Erkenntnisganges[45] steht die als Wahrheit behauptete Überzeugung Pauls, daß die Natur ohne Moral und ohne Ziel sei und das Leben des Menschengeschlechts dem von »Eintagsfliegen« gleiche:

> Eintagsfliegen [...], die zu Tausenden vom Wasser aufstiegen. [...] »Eintagsfliegen!« Wie seltsam es doch war, ein Wesen nach der Dauer seines Lebens zu benennen! Und doch, – der Name war gut; mit *einem* Worte sagte er ihr Schicksal. Und wie viel darinnen lag – in dem Wort: Der Stolz und das geringschätzende Bedauern der Menschen, die so viele, viele tausend Tage leben konnten, gegenüber diesen »Eintagsfliegen,« und Verwunderung, daß es solche Wesen gab, die nichts erleben konnten, – die aus dem Wasser aufstiegen, – zeugten und sterbend wieder hinabsanken.
> Der Wagen fuhr jetzt mitten durch den Schwarm; und sie stießen sich an dem Wagen, flatterten Paul in's Gesicht, fielen auf die Polster nieder und

blieben liegen, ermattet, ohne Kraft sich wieder zu erheben, — sterbend, und im Liebestaumel vereint. [...]
Größenwahn war [...], daß wir meinten, wir könnten uns gegen sie, die Natur, versündigen. Um nicht den Eintagsfliegen zu gleichen, um ein Schicksal zu haben, erfanden wir uns Tugenden und Laster; und Schuld und Sünde dichteten wir in die winzige Spanne Zeit hinein, die unser Leben währte; *unsere* Moral, *unsere* Sentimentalität ließen wir ihr, der Natur, daß sie *uns* gleiche, — eine Gottheit nach unserem Ebenbild!
Und dann folgten wir ihrer Stimme, und lehnten uns gegen sie auf, und wir sündigten gegen sie, und schloßen mit ihr Frieden, als wäre sie unseres Gleichen, und wir mehr, als Keime, von einer Welle an den Strand des Daseins geschleudert, — und hinweggespült von der Nächsten.

Ist der Mensch als »Eintagsfliege« auch aller Verantwortung für sein (geschlechtliches) Handeln und aller Vereinzelung enthoben, so doch um den Preis, im blinden Gang der (Natur-)Geschichte fern aller Einmaligkeit und Besonderheit nur eine nichtige Mikrobe ohne jedes Recht auf Fürsorge, Bestand und Gedenken zu sein.

Paul glaubt zu erkennen, daß sich in einer Welt, die als solche ohne Sinn ist, auch das Leben des einzelnen nicht länger mehr als Sinnstruktur konstruieren und als Zeitlichkeit auf Bleibendes, den Tod Überwindendes hin transzendieren läßt; was Paul allein zu verbleiben und somit 'Identität' zu stiften scheint — und zwar ausschließlich für die Dauer des jeweils betroffenen Lebens — sind günstigstenfalls »Erinnerungen« an zufällige Konkretionen eines für alle gültigen Lebensvollzugs, das Bewußtsein von vereinzelten, glücklichen Momenten gelebten Lebens, das wärmend dem unablässig auskühlenden Wissen um die kosmische Nichtigkeit und die hereinbrechende, persönliche Nacht entgegengesetzt werden kann.

Und so drängt es denn Paul, der sich konsequenterweise gegen Ende im Alter und damit an der Schwelle zum eigenen Tod imaginiert, »gleichviel« mit wem zu einer Akkumulation von (zukünftigen) Vergangenheiten, von »sonnige[n] Erinnerung[en]«, in denen ihm sein Leben einst zu einem — sinn(en)schönen — Potpourri von Abziehbildern gerinnen soll. Entlassen in den »Blick zweier dunkler Augen« und »in der Menge verschwunden«, scheint für ihn jene Verheißung von Liebe, Geborgenheit und Glück in Erfüllung zu gehen, als die ihm die Fiaker-Szene am Beginn der Novelle — ein junger

Mann, der mit einem Bouquet Rosen und Flieder wohl zu seiner Geliebten fährt – vorkommen wollte.

Wie bereits angedeutet, hat sich Beer-Hofmann wohl schon sehr früh nicht mehr mit der hier von Paul vertretenen Weltsicht als der Antwort auf dessen existenziellen Probleme identifizieren können. Möglicherweise hat sich auch ihm der Eindruck aufgedrängt, daß die der 'Lösung' Pauls zugrundeliegende Argumentationslogik der Novelle darin kontingent bleibt, daß »die Deutung der Natur als amoralische[r] Größe nicht diskursiv ausgezeichneter oder evidenter [ist] als ihre Interpretation als moralische Größe«.[46] Ungeachtet von solchen Erwägungen konnte Beer-Hofmann aber ganz sicher die in *Das Kind* letztlich vollzogene Restitution einer ästhetizistischen Existenz als einzig verbleibender, 'Erfüllung' verheißender Form der Weltbegegnung auf Dauer nicht zufriedenstellen.

Das sollte heutige Leser allerdings nicht daran hindern, in *Das Kind* wie in *Camelias* die artistische Entfaltung der Themen und den »Hexenmeister des Wortes«[47] Richard Beer-Hofmann zu bewundern.

Anmerkungen

1 Die hier vorgetragenen Überlegungen verdanken viele Anregungen und Einsichten den Beiträgen eines Sammelbandes über Richard Beer-Hofmann, der in Kürze im Verlag Königshausen & Neumann erscheinen wird *(Richard Beer-Hofmann (1866-1945). Studien zu seinem Werk*, hg. v. Norbert Otto Eke und Günter Helmes. Würzburg 1993). Auf die Beiträge wird im folgenden einzeln verwiesen.
2 Joseph Roth: *Briefe 1911-1939*, hg. und eingeleitet v. Hermann Kesten. Köln/Berlin 1970, S. 257.
3 So weigerte sich Beer-Hofmann etwa Ende 1943 aus Gewissensgründen, eine »zur Zuversicht« ermunternde Rundfunksprache an das österreichische Volk zu halten. Vgl. Briefentwurf an den Rundfunkredakteur Clement Fuller vom 13. Dezember 1943; aus dem Nachlaß zit. bei Eugene Weber: Richard Beer-Hofmann. In: *Deutschsprachige Exilliteratur seit 1933*. Bd. 2: *New York*, hg. v. John M. Spalek und Joseph Strelka. Teil 1. Bern 1989, S. 74.

4 Zit. nach Herbert Steiner: Nachwort. In: Richard Beer-Hofmann. *Jaákobs Traum, Gedichte, Gedenkrede auf Mozart.* Frankfurt/M. 1956, S. 95.
5 Bis in die achtziger Jahre wurde Beer-Hofmann allein von seiten der US-Germanistik eine angemessene Aufmerksamkeit zuteil. Forschungsbeiträge aus dem bundesrepublikanischen Bereich — z. B. Hans-Gerhard Neumann [1972], Jens Malte Fischer [1973] oder Hartmut Scheible [1980] — bildeten eher die Ausnahme.
6 Zur Bezeichnung Beer-Hofmanns als "homo judaicus" vgl. Harry Zohn: *"...ich bin ein Sohn der deutschen Sprache nur...". Jüdisches Erbe in der österreichischen Literatur. Darstellungen und Dokumentation.* Wien 1986, S. 18, bzw. Stefan Scherer: Richard Beer-Hofmann und das Judentum. In: Eke/Helmes (Anm. 1), S. 13. Wolfgang Matz hat die Vermutung ausgesprochen, daß der ausgebliebene literarische Nachruhm Beer-Hofmanns vor allem darauf zurückzuführen sei, daß dieser sich im Gegensatz etwa zu den jüdischen Freunden Schnitzler und Hofmannsthal nicht nur freimütig zu seinem Judentum bekannte, sondern es "zum wesentlichen Inhalt seines dichterischen Schaffens" machte. Wolfgang Matz: Treue zur Erinnerung. Ein Vergessener: Richard Beer-Hofmann. In: *Frankfurter Rundschau* vom 16.6.1990. Beilage "Zeit und Bild", S. 2.
7 Für diese Tragödie, die in der Inszenierung Max Reinhardts (Berlin 1905) ein großer Erfolg war, erhielt Beer-Hofmann noch im gleichen Jahr den damals begehrten Volksschillerpreis (zusammen mit G. und C. Hauptmann).
8 Das gilt vor allem für die *Historie von König David.*
9 Das gilt vor allem für Hofmannsthal, wie der mit Beer-Hofmann geführte *Briefwechsel* (hg. v. Eugene Weber, Frankfurt/M. 1972) eindrucksvoll belegt.
10 Zur frühen Rezeption der *Novellen* vgl. die wohlsortierte Darstellung bei Jens Rieckmann: *Aufbruch in die Moderne. Die Anfänge des Jungen Wien. Österreichische Literatur und Kritik im Fin de Siècle.* Königstein/Ts. 1985, S. 177-179; Zitat S. 177.
11 Eine weitere frühe Arbeit Beer-Hofmanns, die Pantomime *Pierrot Hypnotiseur* (1892), blieb dagegen zu Lebzeiten unveröffentlicht. Sie wurde erstmals in Rainer Hanks Studie *Mortifikation und Beschwörung. Zur Veränderung ästhetischer Wahrnehmung in der Moderne am Beispiel des Frühwerkes Richard Beer-Hofmanns* (Frankfurt/M. 1984) abgedruckt. Zu dieser Pantomime vgl. Waltraud Wende-Hohenberger: Das verlorene Ich. Richard Beer-Hofmanns Pantomime »Pierrot Hypnotiseur«. In: Eke/Helmes (Anm. 1), S. 156-166.

12 Bereits im Sommer 1893 beginnt Beer-Hofmann mit einer Erzählung mit dem Titel *Der Götterliebling*, die später dann in *Der Tod Georgs* umbenannt wurde. Vgl. Jens Malte Fischer: *Fin de siècle. Kommentar zu einer Epoche.* München 1978, S. 198.
13 Konstanze Fliedl weist darauf hin, daß es sich bei dem impressionistischen Augenblicksmenschen nicht um eine reale Existenzform, sondern um eine kurzlebige »Wunsch- und Kunstfigur« gehandelt habe. Allein aus diesem Grunde müsse die von Buber in seiner Einleitung zu den *Gesammelten Werken* (Frankfurt/M. 1963) entworfene Vorstellung, »Beer-Hofmanns Werk stelle sich [...] als eine einzige Korrektur des gedächtnislosen impressionistischen Typus dar«, »selbst ein wenig korrigiert werden.« Dies.: Gedächtniskunst. Erinnerung als Poetik bei Richard Beer-Hofmann. In: Eke/Helmes (Anm. 1), S. 117f.
14 Alo Allkemper: "Tod und Leben". Zum Todesmotiv bei Richard Beer-Hofmann. Ebd., S. 36.
15 Unmittelbarer Anlaß für das Schlaflied war die Geburt der Tochter Mirjam, des ersten Kindes, am 4. September 1897. Die Bedeutung dieses Ereignisses für Beer-Hofmann gibt am unmittelbarsten sein *Briefwechsel mit Hofmannsthal* (Anm. 9) wieder. Vgl. auch Richard M. Sheirich: »Frevel« and »der erhöhte Augenblick« in Richard Beer-Hofmann: Reflections on a Biographical Problem. In: *Modern Austrian Literature* 13, No. 2 (1980), S. 3.
16 Sören Eberhardt: Geburt zum Tod – Leben durch das Judentum. Zu Beer-Hofmanns "Schlaflied für Mirjam". In: Eke/Helmes (Anm. 1), S. 112f.
17 Vgl. Peter Härtling: Der Triumph der vierten Strophe. In: *Frankfurter Allgemeine Zeitung* vom 14.8.1976.
18 Vgl. *Paula*; *Gesammelte Werke* (Anm. 13), S. 766ff.
19 Jens Malte Fischer (Anm. 12, S. 200) verweist auf die nahezu einmalige »kompositorische Durchgeformtheit« des Textes, die ihr »Äquivalent« in einer »hochbewußten sprachlichen Stilisierung« habe.
20 Konstanze Fliedl (Anm. 13), S. 119.
21 *Der Tod Georgs*; *Gesammelte Werke* (Anm. 13), S. 624. Die plötzliche Besinnung Pauls auf sein Judentum am Schluß des Textes wurde schon von Zeitgenossen als zu unvermittelt kritisiert, am heftigsten wohl von dem engen Freund Schnitzler in seinem oft zitierten Brief vom 2. März 1900. Vgl. *Arthur Schnitzler – Richard Beer-Hofmann: Briefwechsel 1891-1931*, hg. von Konstanze Fliedl. Wien/Zürich 1992, S. 144.
22 Vgl. *Gesammelte Werke* (Anm. 13), S. 621.

23 Ebd., S. 622 bzw. S. 619. Auf die Probleme, die in Beer-Hofmanns monistischer Aufladung des alttestamentarischen Gesetzesbegriffs liegen, hat bereits Rainer Hank (Anm. 11, S. 162f.) verwiesen.
24 Ludwig Davidson verwendete diese Formulierung zur Kennzeichnung von *Jaákobs Traum*. Ders.: Jüdische Schriftsteller der Gegenwart. 2. Richard Beer-Hofmann (Schluß). In: *Jüdisch-liberale Zeitung. Organ der Vereinigung für das liberale Judentum* vom 5. September 1924.
25 Wobei daran zu erinnern ist, das Beer-Hofmann in den zwanziger und frühen dreißiger Jahren auch erfolgreich als Regisseur und Dramaturg arbeitete. Vgl. dazu u. a. Norbert Otto Eke: Rettung des Sinns. »Jaákobs Traum« und das Projekt einer Geschichtstheodizee. In: Eke/Helmes (Anm. 1), S. 150, Anm. 6.
26 Für den späten Beer-Hofmann ist der Dichter sowohl »Schöpfer« als auch »Erwählter«. Seine Leistung als »Schöpfer« changiert zwischen einem »Sichüberheben gegenüber dem Leben« als »Chaos« und dem magischen Vermögen, »als Herr des Chaos [...], für eine Spanne Zeit, den Alb der Ur-Angst, von armen bangenden Menschenherzen zu nehmen«. (Form-Chaos; *Gesammelte Werke* [Anm. 13], S. 628). Als »Erwähltem« fällt ihm, dem »ewig unbezahlten Exculpator Gottes«, die Aufgabe zu, eine »bittere hoffnungslose Welt« »zu seliger Ordnung« zu verklären und damit Gott selbst »immer wieder [zu] beschenken.« (Die Beschenkten; *Gesammelte Werke* [Anm. 13], S. 629). Er tut dies, indem er bemüht ist, durch das Erinnern vor allem an die Geschichte des auserwählten Volkes »den Weltlauf zu entschuldigen und zu rechtfertigen«. (So in Gesprächen mit Werner Vordtriede. In: ders.: *Das verlassene Haus. Tagebuch aus dem amerikanischen Exil*. München 1975, S. 293). In diesem Sinne öffnet sich auch *Jaákobs Traum* zu einer Reflexion über die (heilsgeschichtliche) Bedeutung der Kunst und die Rolle des Künstlers/Dichters.
27 Vgl. u. a. Esther N. Elstun: *Richard Beer-Hofmann. His Life and Work*. The Pennsylvania State University Press. University Park and London 1983, S. 93-118.
28 *Der Graf von Charolais*; *Gesammelte Werke* (Anm. 13), S. 354.
29 Vgl. ebd., S. 358f.
30 So Beer-Hofmann in einem Brief an Hofmannsthal vom 7. Mai 1919; zit. nach Martin Nickisch: *Richard Beer-Hofmann und Hugo von Hofmannsthal. Zu Beer-Hofmanns Sonderstellung im 'Wiener Kreis'*. München 1980, S. 141.
31 *Der Graf von Charolais* (Anm. 28), S. 411f.
32 »Wer Recht hat, kommt / mit seinem Rechte aus! Wer Unrecht hat / Braucht Gnade.« Ebd., S. 378.

33 Ebd., S. 466.
34 Zur Entstehungsgeschichte der *Historie* und den wechselnden Konzeptionsbildungen vgl. Richard Beer-Hofmann: Daten, mitgeteilt von Eugene Weber. In: *Modern Austrian Literature* 17 (1984). Nr. 2, S. 27 u. 28f. Vgl. auch Jeffrey B. Berlin: Zur Korrespondenz zwischen Paula und Richard Beer-Hofmann. In: *Das magische Dreieck. Polnisch-deutsche Aspekte zur österreichischen und deutschen Literatur des 19. und 20. Jahrhunderts*, hg. v. Hans-Ulrich Lindken. Frankfurt/M., Bern, New York, Paris 1992, S. 123, und: Norbert Otto Eke (Anm. 25), S. 129.
35 Norbert Otto Eke (Anm. 25), S. 130.
36 1915 abgeschlossen, sollte *Jaákobs Traum* ursprünglich erst mit der gesamten *Historie* publiziert werden. Angesichts des militanter werdenden Judenhasses am Ende des Ersten Weltkriegs entschloß sich Beer-Hofmann allerdings schon 1918 zur Veröffentlichung seiner »deutlichste[n] Stellungnahme zum Antisemistismus« [Scherer (Anm. 6), S. 21].
37 Vgl. dazu im einzelnen Norbert Otto Eke (Anm. 25), S. 131ff.; Zitat S. 131.
38 Vgl. Anm. 26.
39 *Der junge David*; *Gesammelte Werke* (Anm. 13), S. 304.
40 Norbert Otto Eke (Anm. 25), S. 149.
41 Vgl. dazu Viktor Polzer: »Der junge David«. Von Richard Beer-Hofmann. (Aus einem Gespräch). In: *Neue Freie Presse* vom 6. Januar 1934, S. 27.
42 Vgl. Esther N. Elstun: Richard Beer-Hofmann als Autobiograph. »Paula. Ein Fragment«. In: Eke/Helmes (Anm. 1), S. 86-98.
43 Zur erzähltechnischen Brillanz dieser Novelle vgl. meinen Beitrag »Beer-Hofmanns 'Kind' ist ein prächtiger, gesunder Bengel«. Schönheit und Sinn in Richard Beer-Hofmanns Novellen. In: Eke/Helmes (Anm. 1), S. 57-85 (besonders S. 59-63).
44 Vgl. etwa einen Brief der Kritikerin und bedeutenden Übersetzerin skandinavischer Literatur Marie Herzfeld an Hugo v. Hofmannsthal vom 1. Februar 1894. Zit. bei: Jens Rieckmann (Anm. 10), S. 179.
45 Zurückgewiesen werden sowohl Interpretationsmuster der metaphysisch-christlichen Tradition als auch Spielarten pantheistischen Denkens, die über Kategorien wie Sinn und Gesetz eine Anthropomorphisierung oder Mythologisierung der natura naturans betreiben.
46 Alo Allkemper (Anm. 14), S. 42.
47 Ludwig Pesch: Richard Beer-Hofmann. Zur Neuausgabe der Werke des im Exil gestorbenen Dichters". In: *Wort und Wahrheit* 19 (1964), S. 619.